Kathrin
Reiher
Abschied vom Stern

ROHNSTOCK BIOGRAFIEN Band 3

Kathrin Reiher

Abschied vom Stern

Eine Frau auf den Spuren ihrer jüdischen Familie

Bearbeitet von Susanne Plath

Verlag Barbara Budrich

Die Familiengeschichte von Kathrin Reiher wurde bearbeitet von Susanne Plath, Autobiografikerin bei Rohnstock Biografien.

www.budrich-verlag.de

Reihen-Konzept: Katrin Rohnstock, Rohnstock Biografien,
Schönhauser Allee 12, 10119 Berlin
Tel. 030/40 50 43 30
www.rohnstock-biografien.de

Lektorat: Jana Schrewe
Grafisches Konzept: Alexander Polkehn
Satz: Agentur Marina Siegemund, Berlin
Druck: paper & tinta, Warschau
Printed in Europe

Für den Inhalt zeichnet Kathrin Reiher verantwortlich.
Fotos: Privatarchiv Kathrin Reiher

Zitate aus historischen Briefen und Dokumenten folgen den alten Regeln der deutschen Rechtschreibung.

ISBN 978-3-86649-231-8

Inhalt

Zwiegespräch

Bin ich allein, unterhalte ich mich manchmal mit ihr.
Ich sehe in den Spiegel, manchmal gefällt sie mir.
Gefällt sie mir nicht, mache ich sie schön, Creme,
 Rouge, Kette.
Klappt es nicht, verschieben wir unser Gespräch.
Aber dann schwatzen wir, himmeln uns an mit
 Worten und Blicken,
so wie es nie einer mit uns tut in unserem Leben.
Wir träumen viel, von genialen Leistungen,
 schönen Kleidern, Verwöhntwerden.
Manchmal gehen wir kritisch vor und ermahnen
 Faulheit, mangelnde Strebsamkeit, Diskontinuität,
 ungezügeltes Essen, Naschen.
Ein fremdes Subjekt haben wir dabei nicht vor Augen,
 nur uns beide.
Wir spielen traurige Situationen durch
wie Tod, Krankheit, Altwerden.
Nach einiger Zeit werden wir müde und gehen ins Bett,
so wie wir sind.
Gut, dass ich sie habe.

Liebe Franzi,

ich habe darüber nachgedacht, wer »sie« eigentlich ist. Woher kommt die Frau im Spiegel, deine Oma, mit der ich mich in meinem Gedicht »unterhalte«? Was macht sie aus? Was gehört zu ihrem/meinem Leben?

Du bist ein wichtiger Teil davon.

Früher, wenn deine Eltern unterwegs waren, hast du oft bei Opa und mir geschlafen. Ich saß an deinem Bett und erzählte. Bestimmte Geschichten aus meinem Leben wolltest du immer wieder hören. Ich freute mich darüber.

Jetzt schreibe ich sie dir auf, damit du sie einmal nachlesen kannst. Du wirst auch Neues entdecken, denn deine Fragen haben mich angeregt, weitere Geschichten aus unserer Familie aufzustöbern.

Doch wo fange ich an?

Kannst du dich noch an deinen fünften Geburtstag erinnern? Wir beide fädelten eine Kette aus Buchstaben für deinen Namen auf. Ich gab dir den ersten und sagte: »Hier ist das F.«

Du nahmst es so auf: »Hier ist das EF«, und hast dich gewundert: »Ich heiße doch nicht EFranziska!«

Du hattest recht, so gut aufzupassen. Es ist wichtig, wie man heißt.

Mein Vorname ist Kathrin, doch das war nicht immer so.

Es ging alles gut mit mir. Als drittes Kind war ich plötzlich da, im Juli 1944, im Haus mit dem wunderschönen Garten, weit ab vom übrigen Dorf Brodowin. Nur der Name, den meine Eltern mir geben wollten, machte Probleme: Katinka. Warum Katinka? Ich habe vergessen, meine Eltern danach zu fragen. Meine Großeltern besaßen einige Gemälde des Malers Lesser

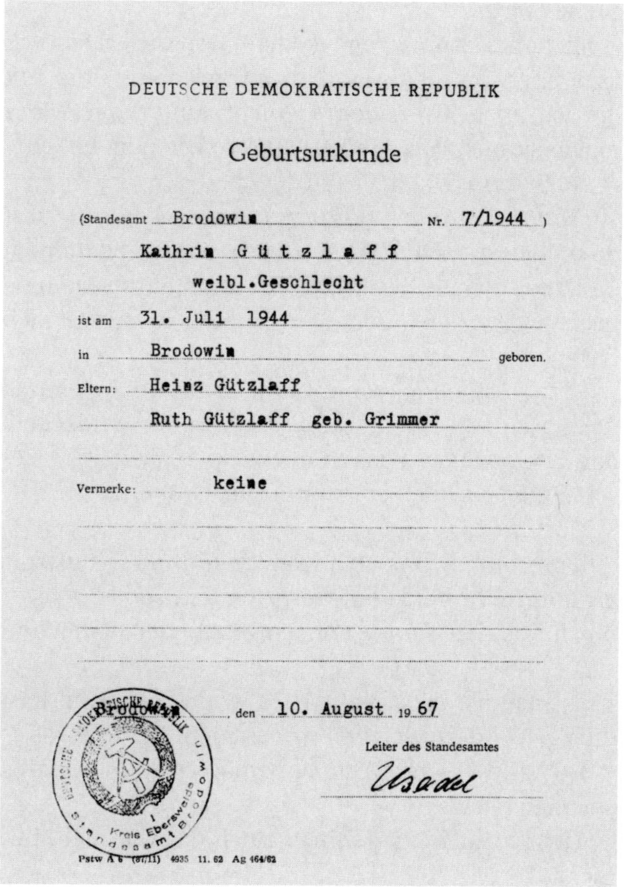

DEUTSCHE DEMOKRATISCHE REPUBLIK

Geburtsurkunde

(Standesamt Brodowin Nr. 7/1944)

Kathrin G ü t z l a f f

weibl.Geschlecht

ist am 31. Juli 1944

in Brodowin geboren.

Eltern: Heinz Gützlaff

Ruth Gützlaff geb. Grimmer

Vermerke: keine

Brodowin, den 10. August 19 67

Leiter des Standesamtes

Usadel

Pstw A 6 (87/11) 4935 11. 62 Ag 464/62

Mein Name ist Kathrin, ...

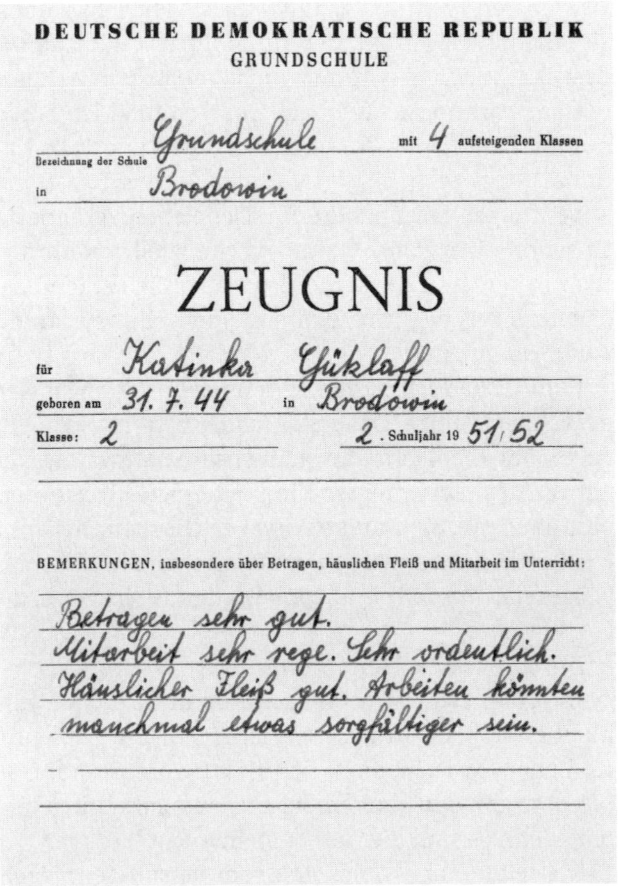

DEUTSCHE DEMOKRATISCHE REPUBLIK
GRUNDSCHULE

Grundschule mit 4 aufsteigenden Klassen
Bezeichnung der Schule
in Brodowin

ZEUGNIS

für Katinka Güklaff
geboren am 31. 7. 44 in Brodowin
Klasse: 2 2. Schuljahr 19 51/52

BEMERKUNGEN, insbesondere über Betragen, häuslichen Fleiß und Mitarbeit im Unterricht:

Betragen sehr gut.
Mitarbeit sehr rege. Sehr ordentlich.
Häuslicher Fleiß gut. Arbeiten könnten
manchmal etwas sorgfältiger sein.

... doch in Brodowin war ich für alle Katinka. Selbst auf meinem Zeugnis der zweiten Klasse steht der Name, den meine Eltern sich für mich gewünscht hatten

Ury, dessen Freundin Katinka hieß. Vielleicht kamen sie so darauf? Das Standesamt in Eberswalde zumindest akzeptierte den Namen nicht, meine Eltern mussten auf Kathrin ausweichen. Doch so hieß ich lange nur auf dem Papier. In Brodowin riefen mich alle Katinka.

1953 zogen wir nach Berlin. Das Leben veränderte sich, und mein Name wurde – wie offiziell – »Kathrin«. Richtig bewusst wurde mir das erst, als ich einen Personalausweis beantragte und meine Geburtsurkunde vorzeigen musste.

Fuhr ich jedoch in den Ferien nach Brodowin, war ich wieder Katinka. Das ist bis heute so. Weißt du noch, als wir vor ein paar Jahren gemeinsam dort waren und ich dir das Dorf meiner Kindheit zeigte? Wir trafen eine alte Frau. Sie war die Witwe des Bäckers, bei dem ich als Kind unser Brot gekauft hatte, und inzwischen 94 Jahre alt. Als ich sie ansprach, staunte sie: »Was, du bist Katinka?«

Es war wie eine Umarmung.

Es stimmt, es ist wichtig, wie man heißt. Ich bin nicht die Einzige in unserer Familie, die im Laufe ihres Lebens verschiedene Namen trug. In unserer Geschichte gibt es viele Namen. Du sollst sie kennen lernen, denn es sind die Namen deiner Familie.

Ich selbst habe vieles erst spät verstanden. Nach dem Tod meiner Mutter 1988 fand ich zahlreiche Dokumente und entdeckte Zusammenhänge in zurückliegenden Ereignissen, von denen ich in meiner Kindheit gehört hatte.

Ich kannte die verschiedenen Namen meiner Mutter, sie irritierten mich, aber ich fragte nicht nach. Alltag, Beruf und Familie hielten mich in Atem. Ab 1989 waren unsere beiden Kinder aus dem Haus und ich hatte mehr Raum und Muße, mich mit meiner Geschichte zu beschäftigen. Und je mehr ich mich vertiefte, umso mehr wollte ich wissen ...

Ich habe begonnen, das Bild zusammenzubauen. Du wirst sehen, dass mein Puzzle noch Lücken hat. Auf meiner Suche bemerke ich schmerzlich, was mir fehlt, was ich hätte fragen sollen. Doch in den folgenden Briefen möchte ich dir erzählen, was ich von unserer Familie weiß.

Sei ganz lieb gegrüßt von
deiner Oma – Katinka

Familie Katzenstein, Lichtenstein, Grimmer

Liebe Franzi,

weißt du noch, wie wir uns vor drei Jahren gemeinsam von dem Stern meiner Mutter verabschiedeten?

Herr Dr. Nuhn, auf dessen Initiative in Rotenburg an der Fulda eine jüdische Gedenkstätte eingerichtet worden war, hatte angefragt, ob ich den gelben Stern der dortigen Dauerausstellung zur Verfügung stellen würde. Ich sagte zu. Warum mir dieser Abschied so schwerfiel, ist in meinem Inneren verborgen. Ich wollte dabei jedoch nicht allein sein. Mit dir, deinen Eltern Matthias und Margitta, deinem Onkel Michael und Opa setzten wir uns am 23. Januar 2005 zusammen. Kein großer Vortrag, nur ein gemeinsames Entsenden des Sternes in die Geburtsstadt meiner Mutter Ruth.

Den gelben Stern mit der Aufschrift »Jude« musste sie fast zwölf Monate lang an ihren Mantel heften. Alle Menschen ab dem sechsten Lebensjahr, die gemäß den Nürnberger Rassengesetzen von 1935 als Juden galten, waren von September 1941 an per Polizeiverordnung dazu verpflichtet. Außerdem hatte sich ihr Name geändert. Bereits seit 1939 war sie gezwungen, den zweiten Vornamen »Sara« zu tragen.

Nach der jüdischen Religion gilt ein Mensch als Jude, wenn er Kind einer jüdischen Mutter ist. In Ruths Fall war der Vater Jude. Nach den nationalsozialistischen Rassengesetzen war sie damit ein so genannter »Mischling«. Wenn diese wiederum einen Juden heirateten und der jüdischen Gemeinde angehörten, galten sie als »Volljuden«. Ruth war zu diesem Zeitpunkt die Witwe eines Juden und zugleich Mitglied der jüdischen Gemeinde in Berlin. Meine Mutter war damit Jüdin.

Diesen Stern musste meine Mutter Ruth von September 1941 bis August 1942 tragen. Sie bewahrte ihn bis zu ihrem Lebensende auf

Doch das sollte sich bald ändern. Wie all das kam, ist eine lange Geschichte. Als ich den Stern mit euch an meiner Seite noch einmal betrachtete, ging sie mir wieder durch den Kopf. Wir legten den Stern auf eine Serviette mit den Initialen von Ruths Mutter, meiner Oma: WK. Für Wilhelmine, genannt Wyla, Katzenstein.

Von Wyla und Ruth will ich dir in den nächsten Briefen erzählen.

Jetzt nehme ich den Gedanken an Ruths Stern mit auf einen Abendspaziergang.

Liebe Grüße

Oma

Liebe Franzi,

heute möchte ich dir meine Großeltern vorstellen. Sie sind also deine Ururgroßeltern. Ich selbst kenne nur meine Familie mütterlicherseits.

In meinem letzten Brief hatte ich schon Wyla erwähnt: Wilhelmine Katzenstein, geborene Grimmer. Zusammen mit ihrem Mann Siegfried Katzenstein lebte sie in Rotenburg an der Fulda, wo ihre drei Kinder zur Welt kamen: 1906 meine Mutter Ruth, 1909 Rolf und 1913 Ester. Wyla war eine schöne Frau mit dunklen Haaren und braunen Augen. Ihre drei Kinder erbten die braunen Augen der Mutter, Ester und Rolf auch ihre dunklen Haare. Nur Ruth war blond wie der Vater – und dies sollte noch eine wichtige Rolle spielen.

Ester, meine Tante, wohnt heute in Neuseeland. 1994 berichtete sie in einem Vortrag am *Goethe-Institut* in Wellington von ihrer Herkunft:

Ich komme aus der kleinen Stadt Rotenburg an der Fulda, mehr oder weniger aus der Mitte Deutschlands, aus hessischem Gebiet.

Meine Mutter Wyla war Hutmacherin. Sie stammte aus Erfurt in Thüringen, wo mein Großvater Johann Grimmer eine erfolgreiche Karriere bei der Bahn machte. (…) Meine Mutter war das älteste von zwölf Kindern und ein arbeitsamer Mensch. Sie erzählte mir, dass sie nach der Schule nur mit anderen Kindern spielen durfte, wenn sie eine bestimmte Anzahl Runden an Socken gestrickt hatte. Ihre ganze Jugend hindurch versorgte sie alle mit warmen Strümpfen.

Im Jahr 1900 suchten zwei jüdische Schwestern, die in Rotenburg ein Modehaus betrieben, per Annonce eine erstklassig ausgebildete und erfahrene Hutmacherin.

Wyla bewarb sich und wurde eingestellt. Sie verließ ihre thüringische Heimat und fuhr allein in die kleine Stadt an der Fulda. Sie war 25 Jahre alt und eine unabhängige Frau.

Wyla blieb in Rotenburg und lernte einen jungen Mann kennen. Siegfried Katzenstein war der jüngste Sohn und das elfte von ebenfalls zwölf Geschwistern. Er übernahm das Geschäft seines Vaters, der mit Altmaterial handelte. Als Wyla ihm begegnete, war Siegfried ein erfolgreicher Kaufmann.

Meine Tante Ester berichtet weiter:

Siegfried wollte Wyla noch im selben Jahr heiraten. Doch dies fand nicht die Zustimmung seines Vaters Salomon – denn meine Eltern waren verschiedener Herkunft. Mein Vater war Jude, meine Mutter lutherisch-christlich aufgewachsen. (…)

Salomon schickte seinen Sohn in die Schweiz, damit er statt zu heiraten mehr über Geschäftsführung lernt. Es nützte nichts. Nach vier Jahren kehrte Siegfried zurück und erhielt nun die Erlaubnis zur Hochzeit. Es wird seinem Vater, der fünfzig Jahre älter war, nun leichter gefallen sein, denn in der Zwischenzeit war die jüdische Gemeinde aufgeklärter. (...) So konnten Wyla und Siegfried heiraten.

Salomon stellte jedoch Bedingungen: »Du musst deine Kinder mit der jüdischen Religion vertraut machen und einmal im Jahr, zum Jom Kippur, dem jüdischen Versöhnungstag, die Synagoge besuchen.«

Mein Vater versprach es ihm. Wir feierten alle Feste: Ostern mit dem Eiersuchen, Weihnachten mit einem Weihnachtsbaum und Geschenken und die jüdischen Feiertage. Meine Mutter, eine eifrige und fähige Köchin,

Eine unabhängige Frau: Meine Großmutter Wilhelmine (genannt Wyla) Katzenstein, geborene Grimmer, 1912

Ein erfolgreicher Kaufmann: Mein Großvater Siegfried Katzenstein auf dem Balkon seines Hauses in Rotenburg an der Fulda, 1926

Im Zwickel 13: In Rotenburg an der Fulda stand das Haus der Familie Katzenstein, das Geburtshaus meiner Mutter Ruth

lernte all die delikaten traditionellen Speisen für die jüdischen Feste zuzubereiten. (…)

Wir lebten in einem großen Haus, Im Zwickel 13, in dem bereits mein Vater und seine elf Geschwister aufgewachsen waren. Es war 1750 erbaut worden und mein Großvater hatte es 1850 gekauft, als er mit seiner jungen Frau Bertha aus dem nahe gelegenen Heinebach nach Rotenburg gezogen war. Es war ein wunderschönes Haus, das wir alle sehr liebten.

Meine Eltern mochten schöne Sachen. Entsprechend lebten sie. Mein Vater hatte eine Schwäche für alte Möbel. Stets hielt Siegfried Ausschau nach ihnen und ließ so manches Stück restaurieren. In unserem Haus gab es einige davon, auch in den Haushalten seiner Schwestern.

Liberale Eheleute von herzlicher Offenheit: Siegfried und Wyla Katzenstein bei einem Urlaub im Berchtesgardener Land, 1925

Ja, es muss schön gewesen sein bei meinen Großeltern Katzenstein. Bis auf eine vermietete Wohnung nutzte die Familie das gesamte Haus. Meine Mutter erzählte mir von dem eindrucksvollen Treppenhaus, in dessen Mitte eine Säule stand, und von den alten, gepflegten Möbeln. Sie schwärmte von ihrem Elternhaus und der warmen Atmosphäre. Wann immer jemand sie besuchte oder um Hilfe bat, war er willkommen. Es fand sich stets etwas zu essen und kein Bettler ging mit leeren Händen. Diese herzliche Offenheit gehörte für Ruth zur jüdischen Lebensart. Sie schätzte sie besonders an ihrem Vater und behielt sie in ihrem eigenen Leben bei. Auch ich lernte es so kennen.

Zum Haus gehörte ein wunderschöner Garten, den der Vater liebevoll bewirtschaftete. Siegfried züchtete Blumen und stellte Wyla jeden Morgen einen frischen Strauß auf den Tisch. Auf dem Obstberg hatte er herrliche Apfelbäume gepflanzt wie Boskop und Gravensteiner. Die ersten reifen Früchte erntete die Familie gemeinsam.

Ester berichtet, wie es weiterging:

Als mein Vater im Ersten Weltkrieg kämpfen musste, führten meine Mutter und ihre jüngste Schwester das Geschäft weiter. Meine Schwester Ruth und ich besuchten die Schule im Ort, während unser Bruder Rolf für drei Jahre in die nächst größere Stadt pendelte. Ruth ging Anfang der zwanziger Jahre nach Berlin und heiratete. Nach Rolfs Auszug blieb ich als Jüngste mit den Eltern allein. Bis dahin lebten wir alle gemeinsam als glückliche Familie »Im Zwickel 13«.

Mein Bruder Hans, der siebzehn Jahre älter ist als ich, spielte noch in diesem Haus. In einem Brief von 1998 schrieb er mir:

Die große Familie Katzenstein versammelte sich 1922 anlässlich der Bar Mizwa von Rolf Katzenstein: Wyla und Siegfried (mit Hut) in der Mitte der dritten Reihe, neben Siegfried steht Moritz Katzenstein, daneben Joseph Katzenstein. Ruth kniet vorn (3.v.l.) und Ester ganz rechts; ihr Bruder Rolf ist nicht auf dem Foto

1931 war ich vier Jahre alt und verlebte kurze Ferien im Haus meiner Großeltern in Rotenburg an der Fulda. (…) Außerhalb des Hauses gab es einen Eisenbahnübergang, wo ich gern die Züge vorbeifahren sah. Ich erinnere mich an einen Ausflug zum Berg Katzenkopf, wo wir spazieren gingen und wilde Erdbeeren pflückten.

Ich selbst sah das Elternhaus meiner Mutter erst nach 1990. Als ich geboren wurde, gehörte es meinen Großeltern nicht mehr. Meinen Großvater Siegfried lernte ich nicht kennen. Er starb 1936. Großmutter Wyla dagegen kannte ich sehr gut, denn sie lebte lange Zeit in unserer Familie. Von den Gründen für all dies sollst du bald hören. Für heute war es vielleicht eine schöne Gute-Nacht-Geschichte?

Sei herzlich gegrüßt von

Oma

Liebe Franzi,

als ich heute durch unser Haus ging, fiel mein Blick auf die alte Truhe. Du kennst sie gut ... vielleicht ein bisschen zu gut? Wie du inzwischen weißt, ist sie das Versteck für den Weihnachtsgeschenkesack.

Mein Großvater Siegfried kaufte diese Truhe vor vielen, vielen Jahren. Sie stand in dem Rotenburger Haus der Familie Katzenstein. So lange ich mich erinnern kann, gehörte sie meiner Großmutter Wyla, die stets ihr Bettzeug darin verstaute. Nach Wylas Tod nutzte meine Mutter Ruth die Truhe für ihr Bettzeug. Und heute steht sie in unserem Haus in Schwanebeck. Wer weiß, vielleicht wirst eines Tages du sie erben und einmal deinen Kindern erzählen, dass du sie von deiner Großmutter Kathrin bekommen hast?

Liebe Franzi, ich weiß noch gut, dass du manchmal sagtest: »Ich hätte Uroma Ruth so gern kennen gelernt.« Ja, das wäre schön gewesen. Leider starb sie viele Jahre vor deiner Geburt. Seit ich beschlossen habe, dir von unserer Familie zu erzählen, wird mir immer klarer, wie wenig ich selbst von meiner Mutter weiß. Was mag sie als Kind gespielt haben und mit wem? Was mochte sie und was nicht? War sie ein wildes oder ein braves Mädchen? Ich habe sie nicht gefragt, und jetzt ist es zu spät. Doch so gut ich es vermag, will ich versuchen, dir ihre Geschichte zu erzählen.

Ruth Katzenstein als junges Mädchen in Rotenburg an der Fulda (links), und mit ihrer Mutter Wyla und ihrem Bruder Rolf

Meine Mutter Ruth Anna-Liese Katzenstein wurde am 20. Januar 1906 geboren. Wie du schon hörtest, wuchs sie in Rotenburg an der Fulda auf, wo sie bis zur zehnten Klasse die Oberschule besuchte. Nur für den Religionsunterricht ging sie in eine jüdische Schule. Ursprünglich wollte sie Gärtnerin werden, doch das kam für eine Tochter aus bürgerlichem Hause nicht infrage. Ihr Vater lehnte dies strikt ab und schickte sie nach Berlin in ein Pensionat. Dort lernte sie Englisch und Französisch, aber keinen Beruf. Nach einem Jahr kehrte Ruth in ihr Elternhaus zurück, half ihrer Mutter und reiste viel.

Weihnachten 1925 luden Paula Wittenberg, die jüngste Schwester Siegfried Katzensteins, und deren Mann Hugo meine Mutter nach Berlin ein. Ruth fand Gefallen an der großen Stadt und besuchte auch die jüdische Loge *B'nai B'rith* in der Kleiststraße 10.

»Und eines Tages«, erzählte sie mir einmal, »nahmen mich Paula und Hugo zu einem Tanzvergnügen dorthin mit.«

Und recht vergnüglich ging es wohl tatsächlich zu an jenem Abend. Ruth tanzte gern und viel.

»Darf ich bitten?«, trat da ein sympathisch aussehender Herr auf sie zu. Ruth ließ sich von ihm auf die Tanzfläche führen, die beiden kamen nett ins Gespräch – und hatten sich wohl mehr zu sagen, als dass dieser Abend ausgereicht hätte. In der folgenden Zeit traf meine Mutter ihren Tanzpartner häufig. Sie gingen spazieren, erzählten einander aus ihrem Leben und verliebten sich. Walter Lichtenstein war Schirmfabrikant und Witwer. Seine Frau Frieda war vor nicht langer Zeit an Brustkrebs gestorben.

Am 8. März 1926 heiratete Ruth, gerade zwanzig

Jahre alt, den sechzehn Jahre älteren Walter und wurde Ruth Lichtenstein, geborene Katzenstein. Gemeinsam bewohnten sie eine komfortable Wohnung mit fünf Zimmern in Berlin-Tiergarten, beschäftigten ein Hausmädchen und eine Köchin. Ein gutes Jahr nach ihrer Hochzeit, am 15. Mai 1927, brachte meine Mutter ihren ersten Sohn Hans zur Welt.

Walter Lichtenstein hatte bereits eine kleine Tochter, Tony. Ruth übernahm also mit der Eheschließung auch die Mutterrolle für eine Vierjährige. Dies scheint nicht immer leicht gewesen zu sein. Sie erzählte später, das Mädchen sei nach dem Tod ihrer Mutter übertrieben verwöhnt worden und auffällig gewesen. So hat es wohl zwischen den beiden oft anständig gekracht.

An einen Vorfall erinnerte sich meine Mutter genau: Als Tony sechs Jahre alt war, wurde Ruth in ihre Schule gerufen. Die Schulärztin fragte sie: »Sind Sie die Mutter von Tony?«

»Ja, selbstverständlich. Ich bin mit Walter Lichtenstein verheiratet. Tony stammt zwar aus seiner ersten Ehe, aber ich bin jetzt ihre Mutter.«

Die Ärztin wollte ihr nicht glauben, denn zu einer Schuluntersuchung am Vortag war Tony völlig zerrupft erschienen und hatte auf die Frage nach ihrer Mutter geantwortet: »Ich habe keine Mutter.«

Ihren Mann Walter beschrieb meine Mutter als einen gütigen Menschen und guten Ehemann, doch auch er verkraftete den Tod seiner ersten Frau nur schwer und verfiel häufig in depressive Verstimmungen. Zudem gewannen in diesen Jahren die Nationalsozialisten in Deutschland an Einfluss. 1933 ergriff Adolf Hitler die Macht, ließ sich zum Reichskanzler wählen.

Ruth Lichtenstein, geborene Katzenstein, als junge Ehefrau ihres ersten Mannes Walter, 1927

Die etwa vierjährige Tony Lichtenstein

Franzi, du kennst ja die Geschichte von Anne Frank und weißt, wie grausam die Nazis mit jüdischen Menschen umgingen. Sie erschwerten ihnen das Leben und Arbeiten, wo sie nur konnten, und hielten die Deutschen mit Hetzparolen davon ab, in jüdischen Läden zu kaufen. So gingen in Walter Lichtensteins Schirmfirma die Geschäfte zunehmend schlechter.

Mitten in dieser schwierigen Zeit erhielt meine Mutter einen Anruf, der dazu führen sollte, dass sich unsere alte Truhe, die hier vor mir steht, auf eine unfreiwillige Reise begab. Doch dies ist eine Geschichte für das nächste Mal.

Liebe Franzi, sei umarmt von

Oma

Liebe Franzi,

heute möchte dir erzählen, wie unsere gute Truhe auf die Reise von Rotenburg nach Berlin geschickt wurde.

Am Morgen des 1. April 1933, wenige Wochen nach Hitlers Machtergreifung, klingelte bei meiner Mutter in Berlin das Telefon. Wyla war am Apparat und sehr aufgeregt: »Ruth, sie haben den Vater rausgeholt, auf den Misthaufen geworfen und ihn halb totgeschlagen!«

Was war passiert?

Den Großeltern in Rotenburg war es in den letzten Jahren nicht gut gegangen. Siegfried Katzenstein war in den Konkurs getrieben worden. Meine Tante Ester berichtete in ihrem Vortrag 1994 von den Folgen:

Ende 1932 mussten meine Eltern das Haus Im Zwickel an einen nationalsozialistischen Kohlenhändler verkaufen. Anfangs lebten sie dort noch in einer kleinen

Wohnung in der Mansarde. Doch es wurde zunehmend unerträglich für sie und sie suchten sich eine Bleibe in der Nachbarschaft. Das war für meinen Vater das größte Unglück. Er hatte das Haus verloren, in dem nicht nur seine Kinder geboren waren, sondern auch er selbst und seine elf Geschwister. (...)

Die Nazis ergriffen die Macht. Es war der 1. April 1933 [, als es zu den ersten Massenausschreitungen gegen Juden kam]. *(...) Besonders in den kleinen Städten Deutschlands machten es sich die Nazis zum Ziel, jüdische Läden zu zerschlagen, der Bevölkerung zu verbieten, in jüdischen Geschäften einzukaufen, und die Rowdys anzustiften, Juden anzugreifen. (...) Davon ermutigt, zeigte der Kohlenhändler seinen schlechten Charakter.*

»Er tauchte in unserer Wohnung auf«, weinte Wyla am Telefon, »schlug den Vater zusammen und warf ihn die Treppe hinunter! Zum Glück hörte der Metzger von nebenan den Lärm, rannte hinaus und warf den Kohlenhändler vom Grundstück. Du weißt ja, was für ein riesengroßer Kerl der Metzger ist. Wir können von Glück sagen, dass er so schnell war, sonst hätten sie Siegfried wohl umgebracht ...«

Meine Mutter hörte erschrocken zu. Als sie aufgelegt hatte, stürmte sie zu ihrem Mann und berichtete, was geschehen war. Walter Lichtenstein zögerte keinen Moment und rief seine Schwiegereltern sofort zurück: »Lasst alles stehen und kommt zu uns nach Berlin!«

In großen Städten schienen Juden sicherer zu sein als in der Provinz.

Siegfried und Wyla Katzenstein zogen zu Ruth und ihrer Familie. Doch Siegfried verfiel nach den Misshandlungen in tiefe Depression und sprach wochenlang kein Wort. Für Ruth war es furchtbar, ihren gütigen Vater so zu sehen. Ein letztes Mal fuhr er nach Rotenburg, wo er lange Zeit ein angesehener Kaufmann und Mitglied im Magistrat der Stadt gewesen war. Er holte einige der wertvollen Möbelstücke aus dem verbliebenen Familienbesitz nach Berlin. So machte sich unsere Truhe mit meinem Großvater auf den Weg in den Haushalt der Familie Lichtenstein.

Doch dies war nur der Anfang. Wie es weiterging, schreibe ich dir im nächsten Brief.

Für heute viele Grüße von
deiner Oma

Liebe Franzi,

meine Mutter war eine Frau, die selten Gefühle zeigte. Ich sah sie nie weinen. Ruth sagte, nach dem Krieg habe sie es nicht mehr gekonnt. So schilderte sie mir beinahe emotionslos die folgenden Begebenheiten.

Am Morgen des 20. Juni 1935 hatte Ruth einen Streit mit ihrem Mann: »Lass uns die Familie nehmen und endlich dieses Nazideutschland verlassen«, bat sie ihn. Nicht zum ersten Mal.

Doch Walter meinte resigniert: »Ich habe draußen keine Existenz. Ich bin zu alt«, und fuhr wie gewohnt zur Arbeit.

Der Tag verstrich, doch Walter kehrte nicht zur üblichen Zeit zurück. Ruth sorgte sich und rief im Büro an: »Ich vermisse meinen Mann. Er ist noch nicht nach Hause gekommen. Wurde er in der Firma aufgehalten?«

»Gegen neun Uhr tot aufgefunden«: Walter Lichtenstein nahm sich am 21. Juni 1935 das Leben

»Nein, hier gab es nichts Besonderes«, sagte man ihr, »Herr Lichtenstein ist längst gegangen.«

Ruth legte auf und setzte sich mit der Polizei in Verbindung, die bald sein verlassenes Auto am Alexanderplatz entdeckte. Wenig später erreichte sie ein Anruf: Walter Lichtenstein war gefunden worden. Er hatte sich in einem Hotel am Obersee bei Lanke das Leben genommen.

Walter Lichtenstein wurde auf dem Jüdischen Friedhof in Berlin-Weißensee beerdigt.

Ungefähr ein Jahr später, am 11. Oktober 1936, verbrachte Ruth zum ersten Mal seit Walters Tod wieder eine Nacht bei Freunden. Als Wyla Katzenstein an diesem Morgen aufwachte, erblickte sie ihren Mann Siegfried Katzenstein, der sich im Fensterrahmen des Zimmers erhängt hatte.

Nun waren die beiden Frauen Ruth und Wyla mit den Kindern allein. »Was sollte ich denn machen?«, sagte meine Mutter später. »Mich auch noch umbringen? Das konnte ich doch Tony und Hans und meiner alten Mutter nicht antun.«

Und so war sie da für sie. Besonders Tony suchte nach dem Selbstmord ihres Vaters Halt bei ihrer Stiefmutter Ruth. Nach allen anfänglichen Schwierigkeiten der beiden schrieb die Vierzehnjährige am 25. August 1935 von einem Aufenthalt bei den Großeltern Lichtenstein in einem Brief an sie:

Liebe Mutti!

Du bist jetzt erst einen halben Tag fort, und ich fühle mich schrecklich einsam. (...) Die Großeltern verstehen mich überhaupt nicht. (...) Ich weiß gar nicht, was mit mir los ist. Jetzt muß ich schon wieder heulen. Trotz alledem habe ich die Nacht fest geschlafen. Nur gut, daß man wenigstens im Schlaf nicht denken kann. Ich glaube, ich habe noch nie solch einen Brief geschrieben. Ich will mich nun mal zusammennehmen. (...) Langsam kommt mir das Fürchterliche etwas mehr zu Bewußtsein. Ganz werde ich es wohl erst später fassen können. Ich glaube, ich bin noch zu jung dazu. Im

Der Kaufmann Siegfried Katzenstein: Am 11. Oktober 1936, ein Jahr nach ihrem Ehemann, beging Ruths Vater Selbstmord

Grunde bin ich jetzt ganz allein. Wie ich heut morgen aufwachte, fühlte ich mich so einsam. Auch jetzt noch. Ich kann Dir nur nie so zeigen, wie lieb ich Dich habe. Und so richtig fühle ich es auch jetzt erst, wo Du nicht da bist, wie lieb ich Dich habe.

Ich habe mir den Brief noch mal durchgelesen. Soll ich ihn abschicken oder nicht? Vielleicht findest Du

»Deine Dich liebende Tochter Tony.« Nach dem Selbstmord ihres Vaters suchte die vierzehnjährige Tony Lichtenstein Halt bei ihrer Stiefmutter Ruth

alles Quatsch, was ich geschrieben habe. Denn ich will Dir eigentlich auch nichts vorjammern. (...)
Viele, viele Grüße und Küsse

Deine Dich liebende Tochter Tony
Das habe ich Dir auch noch nie geschrieben.
Nimm es nicht übel.
Ich kann jetzt nicht anders. (...)

Nach dem 9. November 1938 verschärfte sich die Situation für die Juden in Deutschland massiv. In der so genannten Reichskristallnacht hatten die Nazis im ganzen Land Synagogen angezündet, Wohnungen und Geschäfte jüdischer Menschen zerstört und geplündert. Unzählige wurden misshandelt und viele in den Tod getrieben. Die Diskriminierung der jüdischen Bevölkerung seit 1933 schlug in offene Bedrohung und Verfolgung um.

Viele Juden versuchten, Deutschland zu verlassen. Ruths Bruder Rolf flüchtete 1938 in die USA. Er hatte in Berlin am Jüdischen Krankenhaus als Pathologe gearbeitet und fand schnell an der Universität in New Haven eine Anstellung. Er war gerettet. In Deutschland hätte er wahrscheinlich nicht überlebt, hier begannen bereits die Deportationen jüdischer Männer.

Als Nächste verließ Ester das Land. Zusammen mit ihrem Mann Helmut Einhorn, einem Architekten, ging sie nach Neuseeland. Ein schwedischer Kollege hatte für sie gebürgt und Ruth gab ihnen das Fahrgeld. Ester selbst berichtete 1994 dazu:

Nach dem Brand der Synagogen 1938 war es notwendig, eilig das Land zu verlassen. Wir hatten Glück, dass wir es rechtzeitig schafften. Helmut und ich verließen

Tony Lichtenstein (links) flüchtete 1940 aus Deutschland. Ich (rechts) traf meine große »Schwester« erst in den fünfziger Jahren. Sie war für mich wie eine Tante, 1957

Deutschland im Mai 1939. Wir hatten ein Auswanderungsvisum nach Neuseeland erhalten und heirateten noch, bevor wir gingen.

Es war sehr traurig für uns, da wir nun wussten, dass Juden gesammelt und in Konzentrationslager gebracht wurden. Was dort mit ihnen geschah, konnten wir uns damals nicht vorstellen – das erfuhren wir erst am Ende des Krieges. Doch wir hatten meine Schwester, meine Mutter und die Eltern meines Mannes zurücklassen müssen. (...) Einhorns Eltern hielten sich zunächst in der Laube eines Schrebergartens versteckt. All ihre Ersparnisse waren verbraucht, und es gab für Juden keine Möglichkeit mehr, sich den Lebensunterhalt zu verdienen. Meine Schwester half ihnen finanziell – bis sie entdeckt wurden. Über das Rote Kreuz erfuhren wir später, dass man sie wegtransportiert hatte. In einem Konzentrationslager in der Nähe von Riga wurden sie umgebracht.

Tony reiste 1940 in die Niederlande aus. Dort lebte sie eine Weile versteckt auf einem Dachboden, bis sie eine illegale Überfahrt nach Palästina organisieren konnte.

Zu all diesen Abschieden sollte bald ein weiterer, sehr trauriger für meine Mutter hinzukommen. Doch ich denke, für heute war es mehr als genug. Ich werde nun Opa aus seinem Atelier holen und ihn fragen, ob wir uns gemeinsam auf die abendliche Terrasse setzen.

Deine Oma

Liebe Franzi,

weißt du, was ich entdeckt habe? In unserem Garten wohnt ein Hirschkäfer!

Ich saß in unserem Wohnzimmer, trank gemütlich eine Tasse Kaffee und betrachtete durch das Fenster unseren Apfelbaum. Plötzlich war er da. Ich sah, wie die Äste des Baumes ein Geweih bildeten. Das Gebilde glich doch einem Käfer! Also beschloss ich: Es ist ein Hirsch-Käfer. Wenn du uns das nächste Mal besuchst, zeige ich ihn dir. Er ist wunderschön.

Der Hirschkäfer in unserem Apfelbaum

Der Hirschkäfer im Apfelbaum

Ich sehe den Baum seit vielen Jahren,
ich sah ihn nicht, doch nun erblicke ich ihn,
den Hirschkäfer.
Er war schon immer da.
Jetzt ist er ein Symbol für Freude, Glück,
Talisman und Wunder geworden.
Er liebt die Blätter, die Vögel, die ihn besuchen,
den Wind, den Schnee und die Kerzen zu
Weihnachten.
Oft sitze ich bei schöner Musik, schaue ihn an
und freue mich, dass ich ihn plötzlich entdeckt habe.
Er lebt gefährlich, denn jeder unkontrollierte
Baumverschnitt
könnte ihm schaden.
Ich gebe acht auf ihn und hoffe, dass er so lange
lebt wie ich.
Richtig hinsehen ist manchmal ein kleines Stück
vom Glück.

Beim nächsten Mal erzähle ich dir wieder eine Geschichte aus unserer Familie. Ich glaube nur, manchmal ist es gut, die kleinen Dinge auf dieser Welt nicht aus den Augen zu verlieren.

Deine Oma

Liebe Franzi,

ich habe gerade ein nettes Telefonat geführt. Mein Bruder Hans aus Wales rief an. Ich freue mich riesig, wenn ich von ihm höre, denn unser Kontakt ist leider spärlich. Er ist schreibfaul und die Reise recht weit.

Stell dir vor, ich habe Hans erst 1956 kennen gelernt. Ich war zwölf Jahre alt und er ein erwachsener Mann, der uns mit seiner Frau Beryl und seinem Sohn Jonathan besuchte. Und das, obwohl er doch mein Bruder ist! Ich will dir erzählen, wie das kam.

Hans Lichtenstein wurde 1927 geboren. Wie die ganze Familie war er Jude. Am 11. November 1938 erhielt meine Mutter einen Brief von seiner Schule. »Ich habe den Auftrag, die Eltern jüdischer Schüler sofort zu veranlassen, ihren Sohn von der Schule abzumelden«, hieß es da. Ja Franzi, Hans war elf Jahre alt – drei Schulklassen unter dir. Und nur weil er ein Jude war, sollte er nicht mehr weiter mit den anderen Kindern lernen dürfen!

Die Schikanen nahmen zu und es wurde immer gefährlicher für Juden, in Deutschland zu bleiben. Ruth hatte Angst um ihren Sohn. Und in dieser Situation meldete sich ihr Bruder Rolf aus Amerika. Er schrieb ihr, dass die Quäker (eine religiöse Gemeinschaft) bei der Ausreise des mittlerweile zwölfjährigen Jungen nach England helfen würden.

Du kennst ja das Buch »Liverpool Street« von Anne Ch. Voorhoeve und weißt, was ein Kindertransport ist. Länder wie England, die inzwischen viele erwachsene Flüchtlinge aus Deutschland abwiesen, hatten angeboten, wenigstens die Kinder zu retten. Es musste jedoch gesichert sein, dass jemand dort für das Kind aufkommen würde.

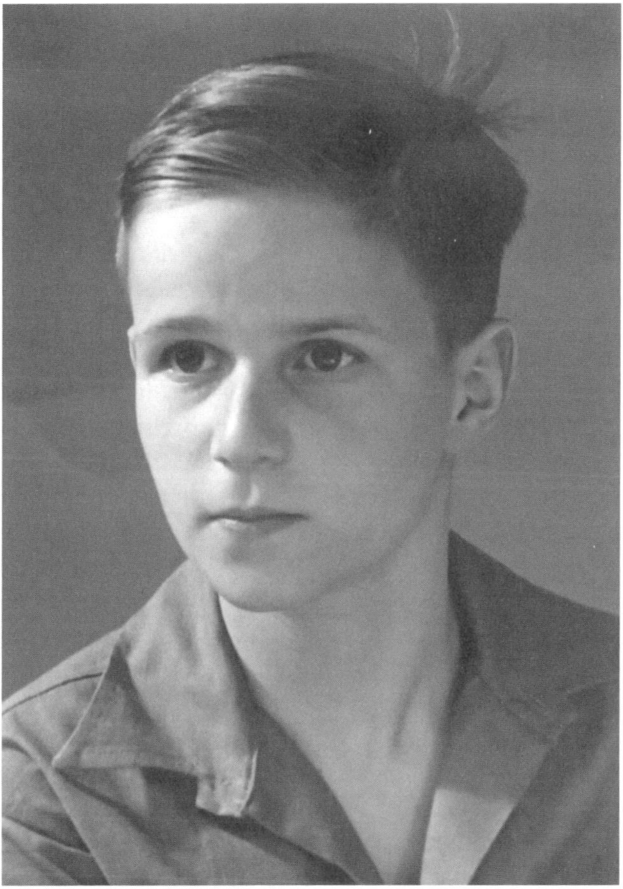

Mein Bruder Hans Lichtenstein zur Zeit seiner Abreise mit dem Kindertransport, 1939

Im Juni 1939 war es soweit: Ruth brachte ihren Sohn zum Schlesischen Bahnhof (dem heutigen Ostbahnhof). Hans stieg allein in den Zug und reiste nach England, während sie selbst in Deutschland zurückblieb. Der Abschied muss ihr sehr schwergefallen sein. Viele Jahre konnte sie den Bahnhof nicht mehr betreten, so furchtbar war die Erinnerung.

Erst kürzlich stand der »Zug der Erinnerung« auf diesem Bahnhof, um der Kinder zu gedenken, die in Konzentrationslager transportiert worden waren. Hans hatte sich von hier aus auf eine andere Reise gemacht, aber ich ging durch den Zug und dachte daran, dass er und Ruth sich hier voneinander verabschieden mussten. In den Abteilen sah ich immer dich vor mir, Franzi, denn du warst vor kurzer Zeit gerade erst so alt wie Hans beim Abschied von seiner Mutter.

Mein Bruder sah seine Reise an jenem Tag noch eher als ein Abenteuer. Er war überzeugt, dass die anderen Familienmitglieder nachkommen würden. So war es geplant.

Bei seiner Ankunft in Harwich wurde er von den Pflegeeltern empfangen, die mein Onkel Rolf für ihn gefunden hatte. Hans lebte mit ihnen nur vierzehn Tage zusammen in London, dann fuhr das Ehepaar zurück nach Amerika. Mein Bruder wurde von ihnen in England in sehr noble Schulen und Internate geschickt, er erhielt eine erstklassige Ausbildung. Die Ferien verbrachte er bei Gastfamilien auf dem Lande oder manchmal »allein« in der Schule.

Ruth konnte ihrem Sohn nur ab und zu eine Karte über das Rote Kreuz senden. Fünfzehn Worte fanden darauf Platz, seine Antwort fiel ebenso kurz aus.

10. März 1940

Liebe Mutti,

hier ist es sehr schön. Ich denke immer an Dich, wie wir im Grunewald herumfuhren mit unseren Rädern. (...) Du schreibst mir, daß es Dir nicht sehr gut geht. Soll ich irgendetwas für Dich tun? Soll ich zu Rolf schreiben, ob er Dir wenigstens Geld schicken sollte? Soll ich für Herrn Einhorn was tun? Ich kann unseren Hausmeister fragen. Wenn ich irgendetwas tun soll, schreibe es mir. Ich werde tun, was ich kann.

Gruß an Oma.

Viele Grüße, Hans

Nach einiger Zeit begann Hans sich vorzustellen, dass seine Mutter und seine Schwester Tony gestorben seien und er nun in England leben müsse. Er sagt heute, er hegte keinen Groll gegen seine Mutter, eher sei er froh gewesen, dass sie ihm das Leben gerettet hatte.

Englisch lernte er schnell und vermied es bald, seine deutsche Herkunft preiszugeben. Bei unserem Kennenlernen viele Jahre später fiel es mir daher schwer, mich mit meinem Bruder zu verständigen. Hans war mit dem Wortschatz eines Zwölfjährigen weggegangen und hatte seitdem kein Deutsch gesprochen. Doch er hatte die deutschen Wörter nicht ganz vergessen, sie waren nur versteckt. Nach ein paar Tagen bei uns kehrten sie zurück. Da gab es manchmal komische Situationen wie diese: Hans wollte von einem Kloster erzählen und ihm fiel das Wort dafür nicht ein. Plötzlich erinnerte er sich aber, dass dort Nonnen lebten. Er glaubte, das Wort gefunden zu haben: »Nonnerei«. Seitdem ist für uns ein Kloster eine Nonnerei.

Und ich freue mich immer, wenn ich, wie heute, mit meinem Bruder Hans sprechen kann. Wenn er wüsste, dass ich dir gerade schreibe, würde er dich bestimmt herzlich grüßen lassen. So wie ich,

Oma

Liebe Franzi,

beim letzten Mal erzählte ich dir von meinem Bruder Hans. Ich bin froh, dass mein zweiter Bruder Franz nicht so weit weg wohnt, obwohl wir uns trotzdem relativ selten sehen. Du kennst ihn ja, er besuchte uns stets für einen Tag während unserer gemeinsamen Ferienwoche in Brodowin, da er so gern dort ist. Heute sollst du etwas mehr über ihn erfahren.

Franz ist drei Jahre älter als ich und mit mir zusammen aufgewachsen. Als ich nach dem Tod meiner Mutter in den Dokumenten ihres Nachlasses stöberte, fand ich vier verschiedene Geburtsurkunden mit vier verschiedenen Namen. Für einen einzigen Franz! Was mag es damit auf sich haben? Ich will es dir erzählen.

Nach dem Selbstmord ihres Mannes Walter Lichtenstein war Ruth niedergeschlagen. Ihre beiden Kinder Tony und Hans waren fort und ihr blieb nur noch die Mutter. In dieser Situation lernte sie Heinz Gützlaff kennen und verliebte sich in ihn. 1940 wurde sie von ihm schwanger – und das war verboten. Denn Heinz war »Arier«, Ruth galt als Jüdin, und nach Hitlers Rassengesetzen war es strafbar, wenn sich diese beiden »Blutwelten« zusammentaten. Auch die übrige Situation war schwierig. Meine Mutter beschrieb sie in ihrem Lebenslauf so:

Seit dem 1. September 1940 war ich zur Zwangsarbeit bei »Siemens« verpflichtet und am 15. März 1941 nur entlassen worden, weil ich kurz vor der Entbindung stand. Am 4. Mai 1941 wurde unter diesen Umständen unser Sohn geboren, der rechtsseitig gelähmt zur Welt kam, sei es durch die vielen Aufregungen dieser Zeit, sei es durch einen Betriebsunfall, den ich bei »Siemens« hatte.

Mein Bruder Franz erblickte also eine Welt, die sich gerade im Zweiten Weltkrieg befand. Seine Mutter war eine jüdische Witwe, sein Vater »arisch«, er selbst unehelich und illegal. Was denkst du, Franzi, wie meine Eltern dieses Problem lösten?

Mit großem Glück. Denn als meine Mutter sich bei dem erwähnten Sturz bei *Siemens* das Knie verletzt hatte, war sie zu einem jüdischen Arzt gegangen: Dr. Kurt Hirschfeld. Sie erzählte ihm von der Schwangerschaft, die doch nicht sein »durfte«.

»Ich weiß nicht weiter. Was soll ich nur machen?«, klagte sie dem Arzt.

Und was sagte er: »Geben Sie doch einfach mich als Vater an.«

Die beiden sahen sich zum ersten Mal. Er tat das einfach so, um ihr zu helfen.

Aus dem Kontakt meiner Eltern zu Kurt Hirschfeld entstand eine Freundschaft. Als der jüdische Arzt später untertauchen musste, halfen sie wiederum ihm: Bis er mit seiner Frau emigrieren konnte, verbargen Heinz und Ruth ihn mehrfach in ihrer Wohnung. Mein Vater Heinz »lieh« dem Mann seine »arische« Identität. Er meldete seinen Ausweis und seinen Wehrpass verlustig und gab die Papiere Kurt Hirschfeld. Meinem

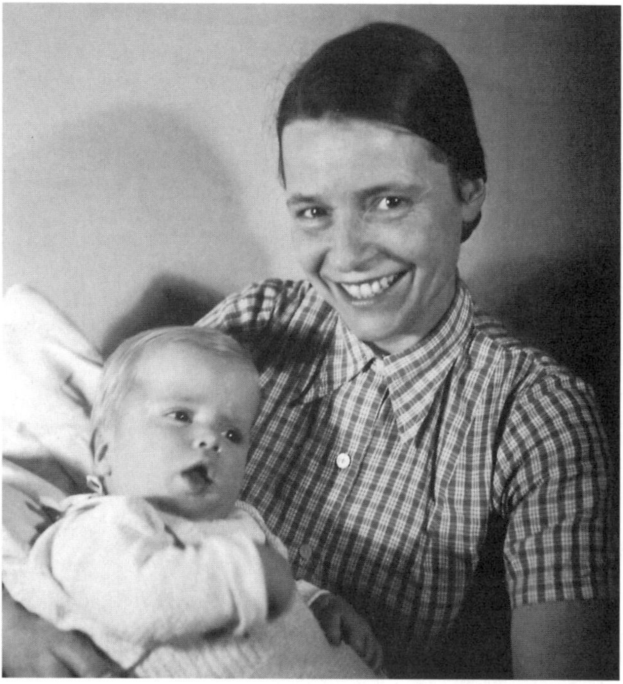

Ein Kind mit vielen Namen: Der kleine Franz mit unserer Mutter Ruth, 1941

Vater selbst wurden neue ausgestellt. Nun gab es bis zum Ende des Krieges zwei »Heinz Gützlaff« und die beiden mussten auf der Hut sein, nicht gemeinsam kontrolliert zu werden.

So wurde Franz mit einer Mutter Lichtenstein, einem »offiziellen« Vater Hirschfeld und einem leiblichen Vater Gützlaff geboren. Dieses Durcheinander der Väter und Nachnamen wirkte sich jedoch auf der ersten

Geburtsurkunde, die ich von Franz fand, noch nicht aus. Auf dem Dokument vom 6. Mai 1941 war lediglich die Mutter angegeben.

Es fehlen also noch Namen. Und das, liebe Franzi, ist eine Geschichte für das nächste Mal.

Viele Grüße

Oma

Liebe Franzi,

ich sitze oben in meinem Zimmer auf dem Sofa und betrachte die Bilder an der Wand. Viele von ihnen hat mein Vater gemalt. Auf einem ist er selbst zu sehen: Heinz Gützlaff. Ich kann mir nicht vorstellen, einen anderen Vater zu haben.

Der Vater meiner Mutter Ruth war Siegfried Katzenstein, das weißt du ja schon. Manche Menschen jedoch wussten das nicht. Und sie durften es nicht erfahren. Diese Geschichte will ich dir heute erzählen.

Stellen wir uns zunächst die Situation der beiden Frauen vor, als sie vor fast siebzig Jahren allein in Berlin zurückblieben. Wyla als »Arierin« und ihre Tochter Ruth als Jüdin mit dem kleinen Franz. Ihren Lebensunterhalt bestritten sie aus den noch vorhandenen Vermögen von Siegfried und Walter, außerdem verkauften sie ihre Wertsachen.

Zusammen mussten sie nicht nur den Krieg überstehen. Ruth als Sternträgerin schwebte außerdem ständig in höchster Gefahr, mit Franz deportiert und von den Nazis ermordet zu werden. Was sollten die beiden Frauen tun? Ausreisen oder bleiben? Gerade mussten sie sich von Ruths Tante Emma verabschieden, einer Schwester Siegfried Katzensteins, die mit

Allein im Berlin der Nazizeit: Ruth Lichtenstein ...

… und ihre Mutter Wyla Katzenstein

über siebzig Jahren nach Theresienstadt gebracht wurde.

Im Lebenslauf meiner Mutter wird deutlich, wie dringend die Entscheidung war, die sie und Wyla trafen:

Am 1. Mai 1942 mußten wir innerhalb von zwölf Tagen unsere Wohnung räumen, obwohl meine christliche Mutter mit uns lebte, weil ein Ritterkreuzträger die Räume beanspruchte. Im letzten Moment fanden wir Unterkunft in einer Wohnung, die schon von vier jüdischen Familien genutzt wurde. Kurze Zeit nach unserem Umzug begannen im verstärkten Maße die Evakuierungen von Juden. Ich wurde Anfang 1942 bereits zur jüdischen Gemeinde vorgeladen, konnte den Termin verlängern, weil meine Mutter, um meinem Jungen und mir das Leben zu retten, bei der Staatsanwaltschaft einen Prozeß angestrengt hatte (...)

»Was für einen Prozess?«, wirst du dich fragen, liebe Franzi. Nun: Ruth wurde neun Monate nach der Hochzeit von Wyla und Siegfried geboren. Um ihre Tochter und ihren Enkel zu retten, entschloss sich Wyla Katzenstein zu einem Meineid um Ruths Geburt. Hier ist ihre eidesstattliche Aussage vom 19. Dezember 1941:

Die Erschienene erklärte nach eingehender Belehrung über die Bedeutung einer eidesstattlichen Versicherung folgendes:

Ich versichere die Richtigkeit der nachfolgend abzugebenden Erklärung an Eidesstatt: Ich bin in Erfurt geboren, wo meine Eltern damals wohnten. Etwa um das Jahr 1896 zog von außerhalb mein Onkel Otto Grimmer mit seiner Familie nach Erfurt.

Hierzu gehörte auch mein Vetter Max Grimmer, der

damals etwa 19 Jahre alt war, während ich 21 Jahre alt war. Aus dem verwandtschaftlichen Umgang der beiden Familien in früheren Jahren war mir mein Vetter, wie überhaupt die ganze Familie meines Onkels, gut bekannt. In Erfurt verkehrten meine elterliche Familie und die Familie meines Onkels zusammen, wie es unter Verwandten üblich ist. Mein Verhältnis zu meinem Vetter war in dieser ersten Zeit nach dem Zuzuge seiner Familie nach Erfurt auch ein rein verwandtschaftliches. Ende der neunziger Jahre wurden unsere Beziehungen herzlicher, und es kam zu einem ausgesprochenen Liebesverhältnis zwischen uns. An eine Heirat dachte mein Vetter aber nicht. Es hielten ihn wohl das nahe Verwandtschaftsverhältnis ab und ferner die Tatsache, daß ich zweieinhalb Jahre älter war als er. Außerdem war er damals beruflich noch nicht so weit, um eine Familie gründen zu können.

Infolgedessen versuchten wir unsere beiderseitigen Beziehungen vor den Eltern möglichst zu verheimlichen. Dieser Zustand wurde mir auf die Dauer unerträglich. Außerdem festigte sich in mir die Überzeugung, daß meine Beziehung zu meinem Vetter doch niemals in einer Ehe enden könnte, und ich entschloß mich daher, Erfurt zu verlassen. Ich nahm eine Stelle in dem kleinen Ort Rotenburg bei Kassel an. Es fiel mir sehr schwer, mich an die ländlichen Verhältnisse dort zu gewöhnen, ich hielt aber aus, weil ich nicht dauernd in Erfurt sein mochte, wo mein Vetter war. Von Rotenburg aus besuchte ich meine Eltern in gewissen Abständen, und es ließ sich nicht vermeiden, daß ich mit meinem Vetter wieder zusammentraf. Unser Liebesverhältnis nahm so seinen Fortgang.

Im Jahr 1900 lernte ich in Rotenburg meinen späte-

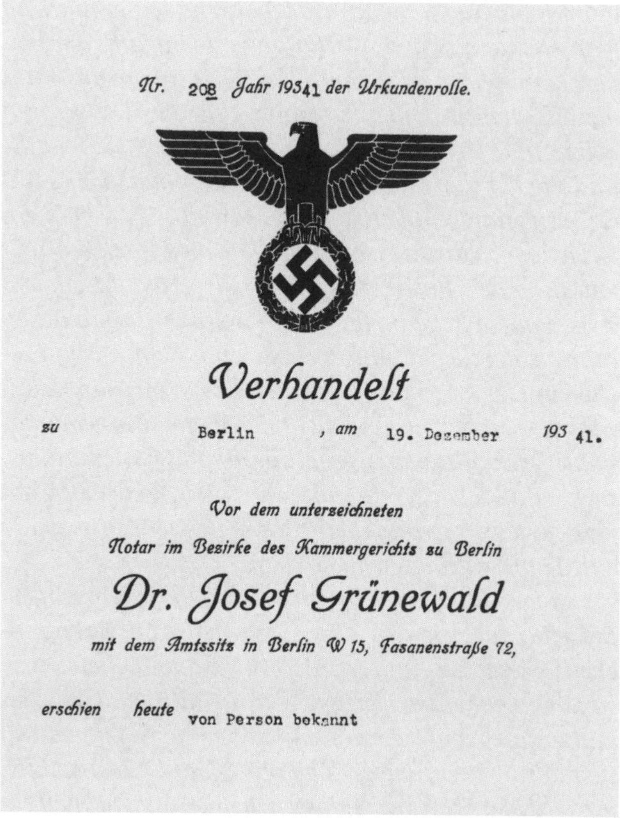
Nr. 208 Jahr 193 41 der Urkundenrolle.

Verhandelt

zu Berlin , am 19. Dezember 193 41.

Vor dem unterzeichneten

Notar im Bezirke des Kammergerichts zu Berlin

Dr. Josef Grünewald

mit dem Amtssitz in Berlin W 15, Fasanenstraße 72,

erschien heute von Person bekannt

Eine Lüge, die Ruth und Franz das Leben rettete: …

ren Mann kennen, der dort beheimatet war. Er bewarb sich sehr um mich, ich konnte mich aber nicht dazu entschließen, seine Bewerbung anzunehmen. Erst im Herbst 1904 gab ich ihm mein Jawort, hauptsächlich, weil ich den Beziehungen mit meinem Vetter ein endgültiges Ende bereiten wollte. Wir verlobten uns, und

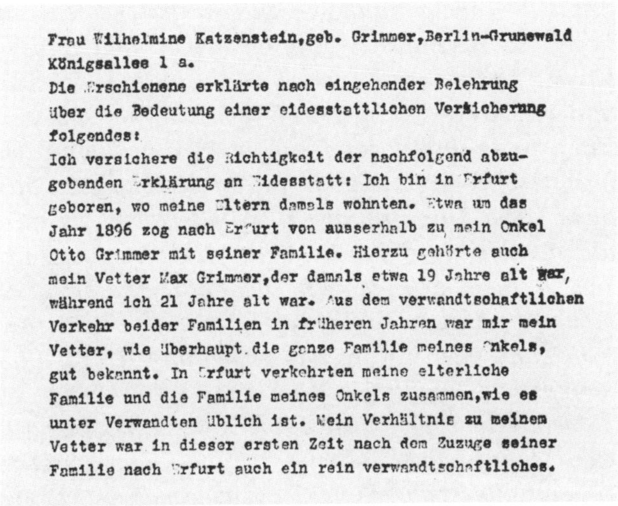

Frau Wilhelmine Katzenstein,geb. Grimmer,Berlin-Grunewald
Königsallee 1 a.
Die Erschienene erklärte nach eingehender Belehrung
über die Bedeutung einer eidesstattlichen Versicherung
folgendes:
Ich versichere die Richtigkeit der nachfolgend abzugebenden Erklärung an Eidesstatt: Ich bin in Erfurt geboren, wo meine Eltern damals wohnten. Etwa um das Jahr 1896 zog nach Erfurt von ausserhalb zu mein Onkel Otto Grimmer mit seiner Familie. Hierzu gehörte auch mein Vetter Max Grimmer,der damals etwa 19 Jahre alt war, während ich 21 Jahre alt war. Aus dem verwandtschaftlichen Verkehr beider Familien in früheren Jahren war mir mein Vetter, wie überhaupt die ganze Familie meines Onkels, gut bekannt. In Erfurt verkehrten meine elterliche Familie und die Familie meines Onkels zusammen,wie es unter Verwandten üblich ist. Mein Verhältnis zu meinem Vetter war in dieser ersten Zeit nach dem Zuzuge seiner Familie nach Erfurt auch ein rein verwandtschaftliches.

… Die ersten Sätze der eidesstattlichen Erklärung von Wilhelmine Katzenstein vom 19. Dezember 1941

ich ging nach Erfurt zurück. Hier traf ich mich bis zu meiner Heirat im April 1905 wiederholt mit meinem Vetter, und ich war noch einen Abend vor meiner Hochzeit mit ihm zusammen. Wir verkehrten geschlechtlich miteinander.

Am folgenden Tag war mein Vetter Trauzeuge. Seitdem habe ich keine näheren Beziehungen mit ihm gehabt.

Am 20. Januar 1906, also fast genau 9 Monate nach meinem letzten Zusammensein mit meinem Vetter und meiner Eheschließung wurde mir meine Tochter Ruth Anna-Liese geboren. Ich war von Anfang an der Überzeugung, daß mein Vetter Max Grimmer der Vater des Kindes sei. Ich habe später noch zwei Kinder geboren, deren Vater mein Mann war. Diese unterscheiden sich in dem ganzen Äußeren stark von meiner ältesten Tochter. Beide Kinder sind dunkel, wie es mein Mann war und wie ich es selbst bin. Meine älteste Tochter dagegen ist blond. In ihrer Jugend war sie sogar hellblond, ich möchte sogar sagen, weißblond. Ganz hellblond ist auch mein Vetter Max Grimmer in seiner Jugend gewesen und damals, als ich ihn kennenlernte. Erst später dunkelte er etwas nach. Meine Tochter Ruth Anna-Liese hat nicht die geringste Ähnlichkeit mit meinem verstorbenen Mann oder mit irgendwelchen anderen Mitgliedern meiner Familie.

Mein Vetter blieb nach meiner Eheschließung noch vier bis fünf Jahre lang unverheiratet. Dann heiratete er. Seine Ehe ist aber kinderlos geblieben. Er ist vor gut einem Jahr verstorben. Ich habe ihm niemals gesagt, daß ich ihn als den Vater meiner ältesten Tochter ansehe. Das Thema ist nie zwischen uns berührt worden, wenn wir uns später, was sehr selten war, wiedersahen. Überhaupt haben wir seit der Eheschließung niemals mehr von unserer früheren Beziehung gesprochen.

Das Protokoll ist der Erschienenen vorgelesen, von ihr genehmigt und eigenhändig wie folgt unterschrieben worden:

Wilhelmine Katzenstein,
geb. Grimmer

So gaukelte meine Großmutter dem Gericht vor, Ruths Vater sei nicht ihr verstorbener Ehemann, der Jude Siegfried Katzenstein, sondern ihr »arischer« Cousin Max Grimmer. Sein Vater Otto Grimmer, Wylas älterer Bruder, half den beiden Frauen bei ihrer Lüge. Er reiste aus Erfurt an und übergab Wyla die erforderlichen

Dokumente seines toten Sohnes. Die Gerichtskosten bezahlte Ruth von Walter Lichtensteins Erbe.

Ruths Aussehen in ihrer Kindheit – ihre blonden Locken im Gegensatz zu den braunen Haaren und Augen ihrer Geschwister Rolf und Ester – stimmte das Gericht freundlich. Ihr Äußeres hatte meiner Mutter schon oft geholfen. Sie erzählte uns, dass sie seltener als Jüdin erkannt wurde und so noch auf den Markt ging, als das für Juden längst verboten war. Dort machte sie Besorgungen für sich und andere, die sich nicht mehr auf die Straße trauten.

Das Gericht begnügte sich dennoch nicht mit der Aussage von Wyla. Ein »erbbiologisches Gutachten« der »Poliklinik für Erb- und Rassenpflege« wurde angefertigt, um »wissenschaftlich« zu prüfen, ob Ruth dem »Standard« des »arischen« Menschen entspräche. Und sie tat es:

Das Gutachten stützt sich auf die Kenntnis der Akten der Generalstaatsanwaltschaft Berlin – 90a Hs 275 –, auf die vorgelegten Lichtbilder und auf die eigene Untersuchung des Prüflings Ruth Sara Lichtenstein (P) und dessen Mutter Wilhelmine Katzenstein (M) am 30. Mai 1942.

Eigene Untersuchung:

P ist 160,8 cm groß, M 162,4 cm groß. Die Körpergröße von P liegt also innerhalb der für Juden und Judenmischlinge gefundenen Variationsbreite. Die unbestritten deutschblütige Mutter ist jedoch nur wenig größer. P und M sind von leptosom athletischem Körperbau, P hat aber längere Beine als M. Die Haltung ist bei beiden Untersuchten gerade, der Hautturgor prall elastisch, die Hautfarbe rosig weiß. Sowohl P als auch M haben ein mäßig entwickeltes Fettpolster. In den allgemeinen

Körpermerkmalen zeigt P keine Eigenheiten, die auf einen jüdischen Blutseinschlag hinweisen würden. (…) In den Weichteilen der Augengegend zeigt P Ähnlichkeiten mit dem angeblichen Erzeuger Grimmer, keine Ähnlichkeit dagegen mit den Geschwistern, dem gesetzlichen Vater oder M. Bei P ist die Deckfalte tiefer und die Polsterung des Oberlidraumes stärker als bei den Vorgenannten. (…)

Zusammenfassend ist festzustellen, daß P eine Reihe von Merkmalen, u. a. auch solche, die bei Juden und Judenmischlingen häufig vorkommen, mit M gemeinsam hat. Mit dem gesetzlichen jüdischen Vater hat P keine Ähnlichkeit. Dagegen weisen die Weichteile der Augen ähnliche Merkmale bei P und Grimmer auf, die daher an eine Erzeugerschaft des Letztgenannten denken lassen. (…)

Ich komme demnach zu folgendem Schluß:

1. *Der Prüfling weist keine kennzeichnend jüdischen Rassenmerkmale auf.*
2. *Nach dem Erscheinungsbild des Prüflings ist nicht anzunehmen, daß er von seinem gesetzlichen Vater abstammt.*
3. *Es ist vielmehr anzunehmen, daß der Prüfling von einem Mann deutschen oder artverwandten Blutes (im vorliegenden Fall ist an Grimmer zu denken) erzeugt worden ist.*

Am 17. August 1942 fand die Verhandlung im Gerichtsgebäude Littenstraße statt. Ruth und Wyla verhielten sich ruhig und ließen ihren Anwalt sprechen. Und es klappte: »Es wird festgestellt, daß die Beklagte nicht das eheliche Kind des jüdischen Kaufmanns Siegfried Katzenstein ist«, hieß es im Urteil.

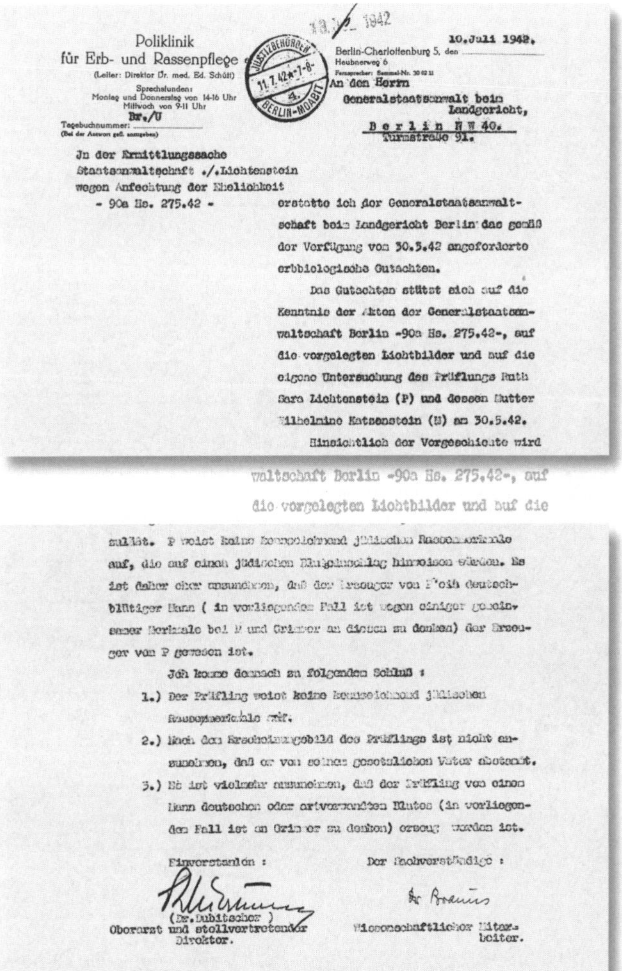

Poliklinik
für Erb- und Rassenpflege
(Leiter: Direktor Dr. med. Ed. Schütt)
Sprechstunden:
Montag und Donnerstag von 14-16 Uhr
Mittwoch von 9-11 Uhr
Dr./U
Tagebuchnummer:
(Bei der Antwort gefl. anzugeben)

JUSTIZBEHÖRDEN
11. 7. 42 * 7-8
4.
BERLIN-MOABIT

13. Juli 1942

10. Juli 1942.
Berlin-Charlottenburg 5, den
Heubnerweg 6
Fernsprecher: Sammel-Nr. 30 02 11

An den Herrn
Generalstaatsanwalt beim
Landgericht,
Berlin NW 40.
Turmstraße 91.

In der Ermittlungssache
Staatsanwaltschaft ./. Lichtenstein
wegen Anfechtung der Ehelichkeit
- 90a Hs. 275.42 -

erstatte ich der Generalstaatsanwaltschaft beim Landgericht Berlin das gemäß der Verfügung vom 30.5.42 angeforderte erbbiologische Gutachten.

Das Gutachten stützt sich auf die Kenntnis der Akten der Generalstaatsanwaltschaft Berlin -90a Hs. 275.42-, auf die vorgelegten Lichtbilder und auf die eigene Untersuchung des Prüflings Ruth Sara Lichtenstein (P) und dessen Mutter Wilhelmine Katzenstein (M) am 30.5.42.

Hinsichtlich der Vorgeschichte wird

waltschaft Berlin -90a Hs. 275.42-, auf
die vorgelegten Lichtbilder und auf die

zulässt. P weist keine kennzeichnend jüdischen Rassenmerkmale auf, die auf einen jüdischen Blutseinschlag hinweisen würden. Es ist daher eher anzunehmen, daß der Erzeuger von P ein deutschblütiger Mann (in vorliegendem Fall ist wegen einiger gemeinsamer Merkmale bei P und Grimmer an diesen zu denken) der Erzeuger von P gewesen ist.

Ich komme danach zu folgendem Schluß :

1.) Der Prüfling weist keine kennzeichnend jüdischen Rassenmerkmale auf.

2.) Nach dem Erscheinungsbild des Prüflings ist nicht anzunehmen, daß er von seinem gesetzlichen Vater abstammt.

3.) Es ist vielmehr anzunehmen, daß der Prüfling von einem Mann deutschen oder artverwandten Blutes (in vorliegendem Fall ist an Grimmer zu denken) erzeugt worden ist.

Einverstanden :
(Dr. Dubitscher)
Oberarzt und stellvertretender
Direktor.

Der Sachverständige :
Dr Braunis
Wissenschaftlicher Mitarbeiter.

»Es ist (…) anzunehmen, daß der Prüfling von einem Mann deutschen oder artverwandten Blutes (…) erzeugt worden ist.« Ruths »erbbiologisches Gutachten« der »Poliklinik für Erb- und Rassenpflege«, Berlin-Charlottenburg vom 10. Juli 1942

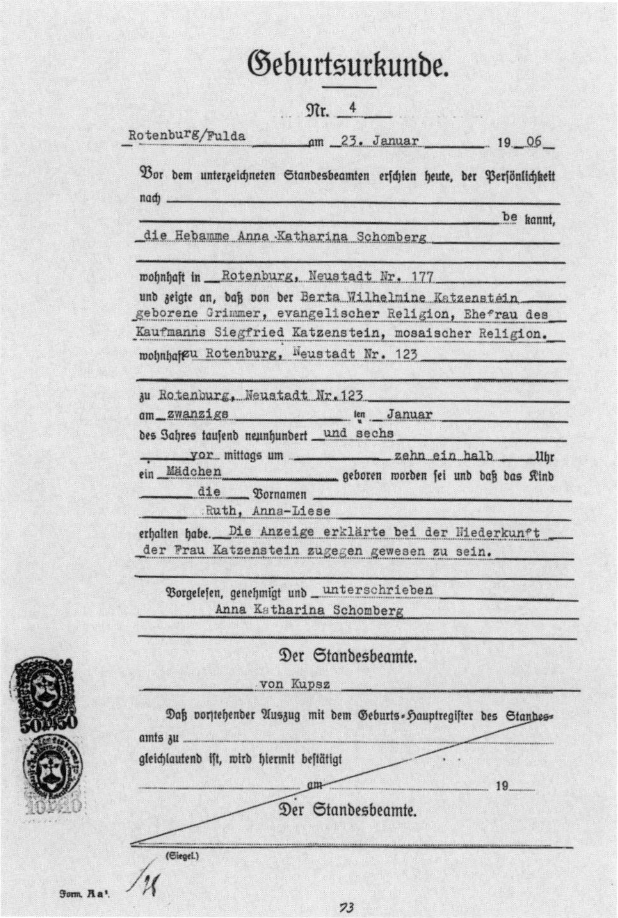

Geburtsurkunde.

Nr. 4

Rotenburg/Fulda am 23. Januar 19 06

Vor dem unterzeichneten Standesbeamten erschien heute, der Persönlichkeit nach

be kannt,

die Hebamme Anna Katharina Schomberg

wohnhaft in Rotenburg, Neustadt Nr. 177

und zeigte an, daß von der Berta Wilhelmine Katzenstein geborene Grimmer, evangelischer Religion, Ehefrau des Kaufmanns Siegfried Katzenstein, mosaischer Religion.

wohnhaft zu Rotenburg, Neustadt Nr. 123

zu Rotenburg, Neustadt Nr. 123

am zwanzigsten Januar

des Jahres tausend neunhundert und sechs

vor mittags um zehn ein halb Uhr

ein Mädchen geboren worden sei und daß das Kind

die Vornamen

Ruth, Anna-Liese

erhalten habe. Die Anzeige erklärte bei der Niederkunft der Frau Katzenstein zugegen gewesen zu sein.

Vorgelesen, genehmigt und unterschrieben

Anna Katharina Schomberg

Der Standesbeamte.

von Kupsz

Daß vorstehender Auszug mit dem Geburts-Hauptregister des Standesamts zu

gleichlautend ist, wird hiermit bestätigt

am 19

Der Standesbeamte.

(Siegel.)

Form. Aa¹.

73

Eine Geburtsurkunde und ihre »Berichtigungen«: Die Papiere meiner Mutter nach dem Prozess, ...

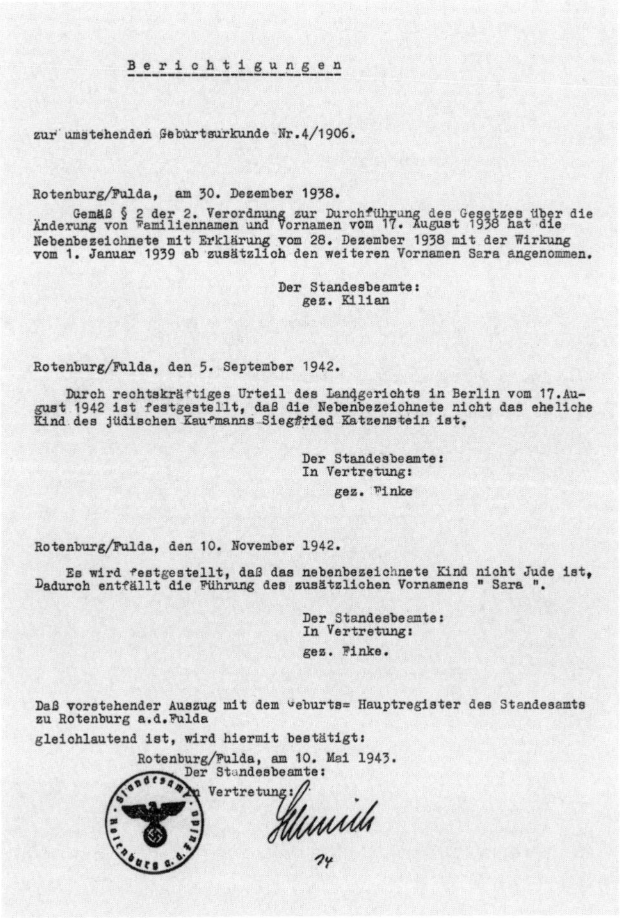

B e r i c h t i g u n g e n

zur umstehenden Geburtsurkunde Nr.4/1906.

Rotenburg/Fulda, am 30. Dezember 1938.

Gemäß § 2 der 2. Verordnung zur Durchführung des Gesetzes über die Änderung von Familiennamen und Vornamen vom 17. August 1938 hat die Nebenbezeichnete mit Erklärung vom 28. Dezember 1938 mit der Wirkung vom 1. Januar 1939 ab zusätzlich den weiteren Vornamen Sara angenommen.

Der Standesbeamte:
gez. Kilian

Rotenburg/Fulda, den 5. September 1942.

Durch rechtskräftiges Urteil des Landgerichts in Berlin vom 17.August 1942 ist festgestellt, daß die Nebenbezeichnete nicht das eheliche Kind des jüdischen Kaufmanns Siegfried Katzenstein ist.

Der Standesbeamte:
In Vertretung:
gez. Finke

Rotenburg/Fulda, den 10. November 1942.

Es wird festgestellt, daß das nebenbezeichnete Kind nicht Jude ist, Dadurch entfällt die Führung des zusätzlichen Vornamens " Sara ".

Der Standesbeamte:
In Vertretung:
gez. Finke.

Daß vorstehender Auszug mit dem Geburts= Hauptregister des Standesamts zu Rotenburg a.d.Fulda
gleichlautend ist, wird hiermit bestätigt:

Rotenburg/Fulda, am 10. Mai 1943.
Der Standesbeamte:
In Vertretung:

... der sie per Gerichtsbeschluss vom 17. August 1942 zur »Gottgläubigen« machte

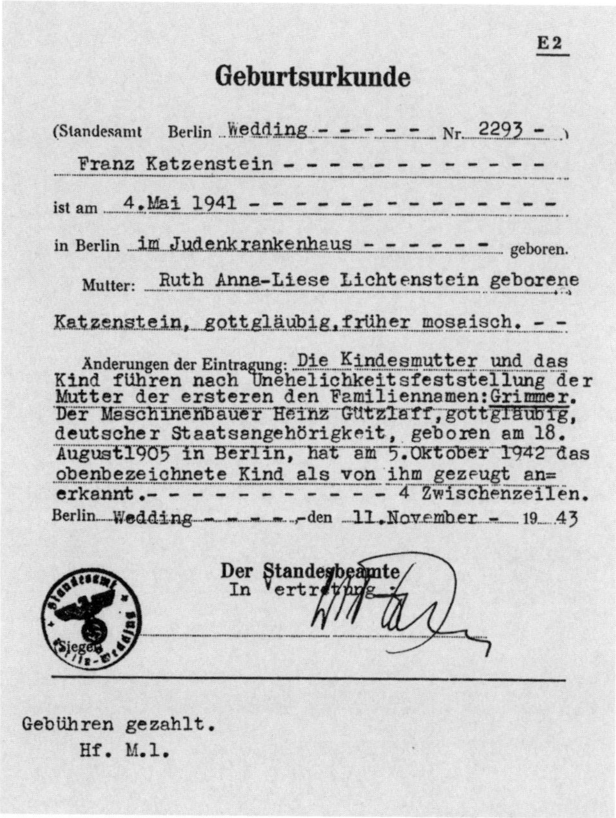

E2

Geburtsurkunde

(Standesamt Berlin Wedding - - - - - Nr. 2293 -)

Franz Katzenstein - - - - - - - - - - - -

ist am 4.Mai 1941 - - - - - - - - - - - - - - -

in Berlin im Judenkrankenhaus - - - - - - geboren.

Mutter: Ruth Anna-Liese Lichtenstein geborene

Katzenstein, gottgläubig,früher mosaisch. - -

Änderungen der Eintragung: Die Kindesmutter und das Kind führen nach Unehelichkeitsfeststellung der Mutter der ersteren den Familiennamen:Grimmer. Der Maschinenbauer Heinz Gützlaff,gottgläubig, deutscher Staatsangehörigkeit, geboren am 18. August1905 in Berlin, hat am 5.Oktober 1942 das obenbezeichnete Kind als von ihm gezeugt an= erkannt.- - - - - - - - - - - 4 Zwischenzeilen.

Berlin Wedding - - - - -,den 11.November - 19 43

Der Standesbeamte
In Vertretung

Gebühren gezahlt.
Hf. M.l.

Viele Namen, ein Franz: Eine der Geburtsurkunden meines Bruders Franz

Mit dieser Entscheidung wurde Ruth »arisch«.

Als sie aus dem Gerichtsgebäude trat, schnitt sie sich noch auf der Treppe mit einer Schere den »Judenstern« von ihrer Jacke.

»Und jetzt gehen wir ins *Kranzler*«, sagte Wyla, und die Frauen machten sich auf, um sich bei Kaffee und Kuchen zu entspannen.

Ruth konnte in Deutschland bleiben. Ihre jüdische Kennkarte wurde umgewandelt in eine »arische«. »So blieben meine Mutter und ich am Leben«, schrieb Franz vor einigen Jahren zum Ausgang des Prozesses.

Nach dem Urteil wurden die Namen von Ruth und Franz geändert, und nun entstanden die neuen Geburtsurkunden der beiden. Ruth konnte den Zusatznamen »Sara« ablegen und galt fortan nicht mehr als eine geborene Katzenstein, sondern als geborene Grimmer, »gottgläubig, früher mosaisch«. Aus »Abel« Katzenstein wurde Franz Katzenstein und schließlich Franz Grimmer.

... und bald änderte sich ihr Nachname erneut – denn unter diesen Umständen konnten Ruth und Heinz heiraten und die Familie Gützlaff gründen. Von ihr wirst du in den nächsten Briefen erfahren.

Mit lieben Grüßen
von deiner Oma Kathrin

Familie Gützlaff

Liebe Franzi,

nebenan telefoniert dein Opa mit deinem Papa Matthias. Ich lasse Vater und Sohn in Ruhe sprechen und ziehe mich in mein Zimmer zurück, denn ich möchte dir wie versprochen von meinem Vater erzählen.

Heinz Fritz Theodor Gützlaff wurde am 18. August 1905 in Berlin als ältestes von drei Kindern geboren. Seine Geschwister, die Zwillinge Horst und Emmy, folgten 1907. Sein Vater Erich Gützlaff war Dekorations- und Kunstmaler und gab an Heinz einiges Talent weiter. 1908 ließen sich die Eltern scheiden, danach hörte er nichts mehr vom Vater.

Mein Vater erzählte nichts aus seiner Kindheit und ich sprach ihn nie darauf an. So weiß ich zu seiner Jugend leider nichts weiter zu berichten.

Seine Schulbildung musste Heinz in der Obertertia abbrechen, weil seine geschiedene Mutter Emma Gützlaff das Schulgeld nicht mehr bezahlen konnte. Er absolvierte eine Lehre zum Maschinenbauer, arbeitete als Schlosser und Gelegenheitsarbeiter – oder er war arbeitslos.

1926 trat er aus der evangelischen Kirche aus und am 1. Juli 1929 in die KPD ein: die Kommunistische Partei Deutschlands. Heinz wollte ein besseres Leben für alle Menschen, und das versprach der Kommunismus.

Nachdem 1930 in Berlin die Metallarbeiter für bessere Arbeitsbedingungen gestreikt hatten, gründete sich die illegale kommunistische Metallarbeitergewerkschaft, der *Einheitsverband der Metallarbeiter Berlins* (EVMB). Heinz Gützlaff trat dem Verband bei.

Er arbeitete zu diesem Zeitpunkt als Maschinen-

Familie ohne Vater: Heinz (3. v. l.) mit seiner Mutter Emma Gützlaff, geborener Rhode, und seinen Geschwistern, den Zwillingen Horst und Emmy, 1925

schlosser und war Betriebsratsmitglied bei der *Fritz Werner AG* in Marienfelde, die Munitionsrevisionsmaschinen und Präzisionswerkzeuge für den Krieg anfertigte.

Als Gewerkschaftler war Heinz sehr aktiv und brachte sich dadurch sogar in Lebensgefahr. In den Papieren, die mir Ruth hinterließ, fand ich dazu Details, die ich vorher nicht gekannt hatte. Dadurch neugierig geworden, forschte ich weiter. In einer Zeitschrift über die historischen Ereignisse in Berlin, »Widerstand in Wilmersdorf«, wird über Aktivitäten der Gewerkschaft berichtet, die zu einem Hochverratsprozess führten. Und tatsächlich – mein Vater kommt in dem Text vor.

Die Autorin Felicitas Bothe-von Richthofen schildert die Umstände so:

Die Berliner KPD war am Ende der Weimarer Republik (1932/33) noch sehr schwach in den Betrieben vertreten. Dies nicht nur wegen der allgemeinen großen Arbeitslosigkeit, sondern auch, weil ihre kämpferischen

Gewerkschafter besonders schnell herausgeworfen wurden. (...) [Seine Genossen vom EVMB und] *der Maschinenschlosser Heinz Gützlaff aus Wilmersdorf, Regensburger Straße 33a, (...) verbreiteten illegale Broschüren der KPD, suchten Kontakt zu Arbeitern in Betrieben (»Siemens«, »Mix & Genest«), sammelten Geld für die Untergrundarbeit und versuchten, die Stimmung unter der Arbeiterschaft zu ergründen und im Sinne des revolutionären Umsturzes zu beeinflussen.*

Dies versuchten sie beispielsweise, indem sie revolutionäre Schriften verteilten, die zur Gründung von unabhängigen Gewerkschaften aufriefen, um die faschistischen Gewerkschaften zu boykottieren. Außerdem forderten sie die Unterstützung gefährdeter Arbeiter und den offenen Protest mittels Demonstration oder Streik.

Für meinen Vater war es selbstverständlich, sich für die Gerechtigkeit einzusetzen. Die Ausbeutung der Arbeiterklasse, der er ja selbst angehörte, sollte gestoppt werden. Es war ihm egal, wenn es für ihn dadurch Nachteile gab. Das Wichtigste war das Ziel.

Was dann passierte, beschrieb mein Vater Jahrzehnte später in seinem Lebenslauf:

Am 4. April 1933 wurde der größte Teil der aktiven Genossen im Werk »Fritz Werner« von SA-Hilfspolizei verhaftet und in die Kaserne Papestraße gebracht, unter ihnen auch ich.

Am 8. April wurde ich vom Polizeipräsidenten wieder entlassen. Ich habe dann mit dem illegalen E.V. bis Mitte Juli Verbindung gehalten. Am 15. Dezember 1933 wurde ich plötzlich verhaftet. Der EVMB war hochgegangen.

Ein aktiver Kommunist: Mein Vater Heinz Gützlaff

Heinz wurde zur Untersuchungshaft ins *Columbiahaus* gesteckt. Vom 6. bis 19. Januar 1934 war er im Konzentrationslager Oranienburg und ging nach einigen Tagen Polizeihaft am Alexanderplatz aufgrund des Haftbefehls vom 24. Januar 1934 bis 19. Juni 1934 nach Berlin-Plötzensee in Untersuchungshaft.

Es kam zum Prozess. Die Anklage lautete: »Vorbereitung zum Hochverrat«. Gemeinsam mit vierzehn weiteren Beschuldigten wurde meinem Vater vor Gericht vorgeworfen, in Berlin 1933 gemeinschaftlich:

1) *das hochverräterische Unternehmen, die Verfassung des Deutschen Reiches gewaltsam zu ändern, vorbereitet zu haben,*
2) *(…) es unternommen zu haben, den organisatorischen Zusammenhalt einer anderen politischen Partei als der NSDAP aufrechtzuerhalten.*

Die Hauptverhandlung fand am 19. Juni 1934 im Kriminalgerichtsgebäude in Berlin-Moabit, Turmstraße 91, statt. Das Urteil für meinen Vater: fünfzehn Monate Gefängnis wegen Vorbereitung zum Hochverrat. Vom 19. Juni 1934 bis zum 19. März 1935 verbüßte er den Rest seiner Strafe wiederum im Strafgefängnis Berlin-Plötzensee.

Bereits während der Untersuchungshaft war mein Vater von seiner Firma entlassen worden. Ab 3. Juni 1935 fand er wieder Arbeit. Ganz unbehelligt blieb er jedoch nicht, wie er selbst schrieb:

Nach meiner Entlassung am 19. März 1935 stand ich längere Zeit unter Polizeiaufsicht. Im Jahre 1936 fand noch einmal eine Haussuchung und Vernehmung statt. Der Grund war irgendeine Denunziation von Hausbewohnern. An der illegalen Arbeit habe ich seit dieser Zeit nicht mehr teilgenommen.

Der Generalstaatsanwalt
bei dem Kammergericht
O.J.191/34

Berlin W.57, den 28.März 1934.
Elßholzstraße 32.
Fernruf: B 7 Pallas 0013.

GEHEIM! HAFTSACHE!

An den
Herrn Vorsitzenden des 4.Strafsenats
des Kammergerichts
h i e r.

Anklageschrift A.

I. Angaben der Angeschuldigt

II Bl.161 14) der Maschinenschlosser Heinz Theodor G ü t z l a f f,
geboren am 18.August 1905 in Berlin, zuletzt wohnhaft
in Berlin-Wilmersdorf, Regensburgerstraße 33a bei
Ackermann, ledig,

..II Bl.163, 269, 271R. festgenommen am 15.Dezember 1933, auf Grund
des Haftbefehls vom 22.Januar 1934 im Untersuchungsgefängnis Moabit in Untersuchungshaft, 1.3

6) Boremski - Bd.

werden angeklagt,

im Jahre 1933
in Berlin
gemeinschaftlich

1) das hochverräterische Unternehmen, die Verfassung des Deutschen Reiches gewaltsam zu ändern, vorbereitet zu haben,
2) die Angeschuldigten zu 1) bis 14) in Tateinheit hiermit es unternommen zu haben, den organisatorischen Zusammenhalt einer anderen politischen Partei als der NSDAP., aufrecht zu erhalten.

- Verbrechen strafbar nach §§ 81 Ziff.2, 86, 86a, 73 St.G.B., §§ 1, 2 des Gesetzes gegen die Neubildung von Parteien vom 14. Juli 1933 (RGBl.S.479). -

Ermittelungs.....

Der Maschinenschlosser Heinz Gützlaff wird wegen Hochverrats angeklagt, hier Auszüge aus der Anklageschrift vom 28. März 1934

Bl.161R. 14) Der Angeschuldigte Gützlaff gibt an, vor der nationalen Revolution Mitglied der KPD und des EVMB gewesen zu sein. Bis zum April 1933 war er auch EVMB-Betriebsrat bei der Firma Fritz WERNER in Marienfelde. Er ist geständig,
I Bl.17 von Ende April bis Mitte August 1933 sich illegal für den EVMB betätigt zu haben. Nach seiner Darstellung im
Bl.321 Schreiben vom 26. Januar 1934 traf er von Mitte bis Ende Juni 1933 4- bis 6mal mit dem Angeschuldigten Walz zusammen, mit dem er Informationen austauschte und der ihm „Bausteine" und Beitragsmarken gab, die er bei der Firma MIX & GENNEST
Bl.162 unterbringen sollte. In seiner Vernehmung am 15. Dezember 1933 hatte er angegeben, von Wilhelm Lentzsch diese „Bausteine" und Marken erhalten und mit Walz lediglich Informationen ausgetauscht zu haben. Nach seiner Darstellung in dieser Vernehmung hatte ihn auch Wilhelm Lentzsch Ende April 1933 aufgefordert, in den Betrieben im Südwesten Berlins die noch kommunistisch gesinnten ehemaligen EVMB-Mitglieder zusammenzufassen und von ihenen Beiträge zu kassieren. Nach

Bd.II Bl.237 Der Angeschuldigte Marmulla erklärt, daß er die 5,- von Wasenberg für die Unterstützung der aus dem Konzentr-onslager kommenden Genossen und für andere Zwecke erhalt- habe.

Beweismittel:

I. Angaben der Angeschuldigten:

1) Rudolf Lentzsch - Bd.I Bl.125, Bd.II Bl.268 -
2) Kautz - Bd.II Bl.153, 268R. -
3) Bielefeld - Bd.I Bl.5, Bd.II Bl.265R. -
4) Bolte - Bd.I Bl.106 -
5) Walz - Bd.I Bl.135, Bd.II Bl.268 -
6) Boremski - Bd.II Bl.230, 271R -
7) Hinz - Bd.II Bl.224, 270R. -
8) Marmulla - Bd.II Bl.236, 271R -
9) Brennig - Bd.II Bl.192, 170R. -
10) Sickert - Bd.I Bl.143, Bd.II Bl.268R. -
11) Haase - Bd.I Bl.114, Bd.II Bl.267R. -
12) Schatz - Bd.I Bl.103, Bd.II Bl.267R. -
13) Wilhelm Lentzsch - Bd.I Bl.119, Bd.II Bl.267R. -
14) Gützlaff - Bd.II Bl.161, 321, Bd.III Bl.
15) Wasenberg - Bd.II Bl.243, 271 -;

II. Zeugnis

Bd.III Bl.20 des Bergmanns Wilhelm Agatz, zur Zeit im Untersuchungsgefängnis Moabit;

15) Wasenberg - Bd.II B

Es wird beantragt,

die Hauptverhandlung anzuordnen und die Fortdauer der Untersuchungshaft zu beschliessen

Im Auftrage:

gez.: Dr. Weyermann,
Erster Staatsanwalt.

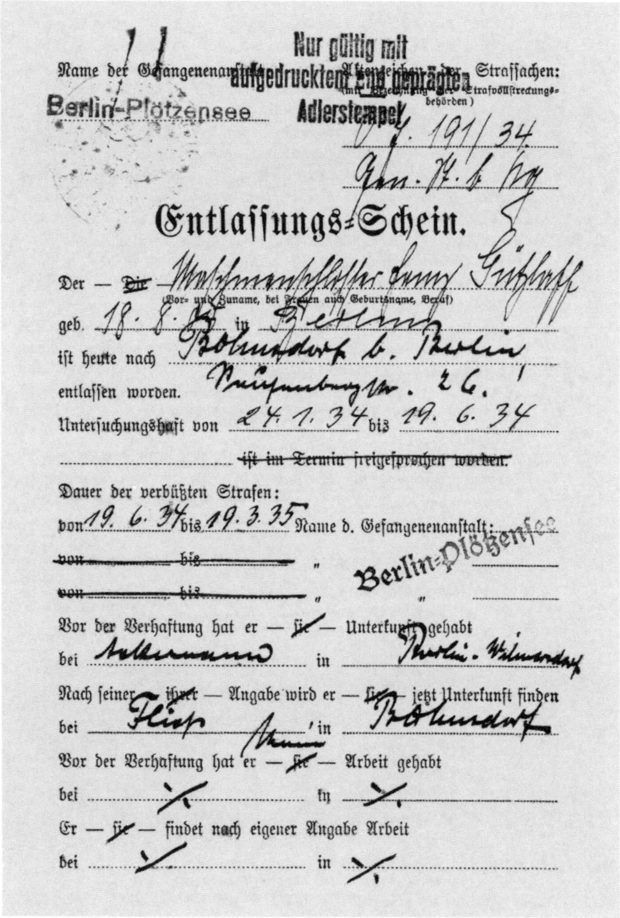

Nach neun Monaten Haft in Berlin-Plötzensee: Entlassungsschein für den Maschinenschlosser Heinz Gützlaff

Zehn Jahre danach erinnerte sich Heinz beim Militär in einem Brief an Ruth vom 26. Januar 1943 an all diese Ereignisse und wie es ihm dabei gegangen war:

War das eine bewegte Zeit vor zehn Jahren, jetzt hatte gerade mein Jahr 33 angefangen. Es war ja eines meiner merkwürdigsten Jahre. Begann ganz in, möchte sagen, öffentlichen Diensten, dann kam von April eine Zeit größter Freiheit und Ungebundenheit. (…)

Eine Menge neue Menschen zogen vorbei, alle standen wir unter dem Eindruck wichtiger Ereignisse. Dunkel und geheimnisvoll war die Zukunft. Das, was heute zur Erfüllung kommt, bahnte sich damals in unseren Gedanken an. Und doch kam alles ganz anders, als man ahnen konnte. Und das Ende des Jahres war das »Columbiahaus«. Ich muß sagen, ein gewaltiger Absturz (…).

Übrigens hatte ich ein Erlebnis, damals wie heute gehe ich an den Schönheiten der Natur und des Himmels – mir fiel es gerade neulich, als der Mond so hell am Himmel stand, ein –, ohne sie so zu bemerken wie sonst, vorbei. Während ich sonst ein lebhaftes Gefühl intensiven Lebens bei frischem, klarem Himmel habe, bin ich jetzt wieder merkwürdig stumpf. Allerdings jetzt, im Moment, wenn ich Herr meiner selbst bin, und sei es nur für Stunden, ist alles verflogen, der alte Zustand wieder da.

Diese letzten Zeilen aus dem Brief meines Vaters berühren mich; ich blicke in unseren Garten und in die Natur.

Ich glaube, ich gehe jetzt wieder nach unten, sicher sind die Männer fertig mit ihrem Telefonat. Ich werde noch ein wenig an meinen Vater denken und unseren

Hirschkäfer im Apfelbaum betrachten. Vielleicht hätte mein Vater ihn auch gesehen.

Sagen wir ihm für heute gute Nacht, Franzi, bis zum nächsten Mal.

Deine Oma

Liebe Franzi,

ich stand eben in der Küche beim Abwasch, und da fiel mein Blick auf meinen großen Setzkasten. Du kennst ja jedes Stück darin.

Mitten zwischen all den kleinen Erinnerungsstücken stehen meine Mini-Bücher: ein hebräisches Gebetbuch neben den Briefen von Rosa Luxemburg aus dem Gefängnis und der Verfassung der DDR. Diese drei nebeneinander zeigen die verschiedenen Einflüsse, die mein Leben prägten. Wie sie zusammenfanden, will ich dir heute erzählen.

Meine Mutter Ruth stammt, wie du schon weißt, aus einem liberalen Elternhaus, sie war das Kind einer evangelischen Mutter und eines jüdischen Vaters. Sie selbst hatte eine Ehe mit dem Juden Walter Lichtenstein geführt. Mit meinem Vater Heinz Gützlaff traf sie nun einen Mann, der Atheist war, und der für den Kommunismus kämpfte.

Kennen gelernt haben die beiden sich durch Ruths Bruder Rolf. Dieser war ein fortschrittlich denkender Mensch und in Berlin mit einer Gruppe von Männern befreundet, zu der auch Heinz Gützlaff gehörte. Nachdem dieser aus dem Gefängnis entlassen worden war, schlug Rolf eines Tages vor: »Ruth, kümmere dich doch ein bisschen um den Gützlaff. Der hat kein Kissen. Bring ihm doch mal eins.«

Sie brachte ihm dieses Kissen. Und bald darauf besuchte Heinz Ruth in ihrer Wohnung in der Königsallee. Nach der Ehe mit Walter Lichtenstein war meine Mutter »hungrig« auf fortschrittliche Ideen. Heinz Gützlaff strotzte vor Energie, Wissensdurst und Idealen. Aus dem »mal Kümmern« wurde Liebe.

Viele Jahre später, am 7. November 1951, dachte Heinz in einem Brief an diese Zeit zurück:

Morgen Nachmittag, so um 3 oder 4 Uhr herum, sind es nun fünfzehn Jahre her, daß Du in der Regensburgerstr. am Ofen standest in Deinem Pelzmantel (innen der Pelz), mit Deinem Dutt und ich es wagte, Dir den ersten Kuß zu geben. Das war an einem Sonnabend, wir sind dann zum Potsdamer Platz gefahren. Am nächsten Tag waren wir am Schlachtensee.

Die assimilierte Jüdin Ruth und der kommunistische »Arier« Heinz verliebten sich, bekamen den kleinen Franz und waren jahrelang illegal ein Paar. Ihre Liebe galt in der Nazizeit als »Rassenschande« und musste geheim bleiben. Sie trafen sich dennoch, gingen ins Theater oder Kino, zu Freunden oder unternahmen Ausflüge ins Berliner Umland.

Du weißt ja, dass Ruth nicht jüdisch aussah. Oft ging sie illegal ohne Stern aus. Sie erzählte, dass sie einmal im Theater jemandem begegneten, der wusste, dass sie eigentlich Sternträgerin war. Ruth und Heinz verschwanden schnell aus dem Saal.

Nach dem Prozess, von dem ich dir schon erzählt habe, hörte diese ständige Angst endlich auf. Ruth war nun offiziell »arisch« und die Beziehung erlaubt. Heinz konnte seinen Sohn Franz in seine Familie aufnehmen. Am 28. Mai 1943 heirateten »der Maschinenschlosser

Heinz Fritz Theodor Gützlaff, gottgläubig« und »die Ruth Anna-Liese Lichtenstein, geborene Grimmer, gottgläubig, früher mosaisch«.

In diese bewegte Familie sollte bald ich hineinkommen. Allerdings gab es davor noch eine große Veränderung für die Familie Gützlaff. Bis zu dieser nächsten Geschichte schicke ich dir viele Grüße.

Deine Oma

Liebe Franzi,

dreimal waren wir jetzt gemeinsam je eine Woche während deiner Ferien in Brodowin. Wir hatten meistens warmes Wetter und gingen ausgiebig schwimmen. Als du es noch nicht konntest, haben wir das mit dem »Omataxi« kompensiert. Du hast dich an mir festgehalten und ich watete bis »Unterkante Nase« in den See, so dass du die Tiefe schon einmal spüren konntest, und dann wieder zurück. Am liebsten hatten wir es, wenn wir ganz allein am See waren.

Diesen See kannte ich schon als kleines Mädchen. Heute möchte ich dir erzählen, wie es meine Familie von Berlin ausgerechnet in dieses Dorf verschlug.

Im Nachlass meiner Mutter fand ich einen Brief meines Vaters vom Militärdienst 1942, der so klingt, als wäre es schon länger seine Idee gewesen, die große Stadt zu verlassen:

9. September 1942

Es riecht jetzt in den Wiesen wunderbar nach Heu. Ich möchte tatsächlich mal auf dem Lande leben. Heute sah ich in der frischen Morgenluft einem Pflüger zu. Es war sehr schön, die ganze Atmosphäre.

Die Berliner Lebensumstände taten ihr Übriges. Ruth hatte ihre schöne Wohnung in der Königsallee verlassen müssen. Eines Tages hatte eine »arische« Familie vor ihrer Tür gestanden mit einem »Einweisungsschein« in der Hand. Sie zog mit Wyla und Franz in die Jagowstraße, bis sie auch diese Bleibe verloren. Das Haus wurde bei einem Bombenangriff zerstört. Berlin war immer häufiger das Ziel von Luftangriffen und so entschloss sich Ruth aufs Land zu ziehen.

Von Wochenendausflügen mit Heinz, Rolf oder Freunden kannten Ruth und Wyla das kleine brandenburgische Dorf Brodowin, in der Nähe des Parsteiner Sees gelegen, umgeben von dichten Wäldern. Hierhin zogen sie im Oktober 1943 mit dem kleinen Franz.

Mein Vater war zu dieser Zeit wegen seiner starken Kurzsichtigkeit zwar vom Militär freigestellt, hatte jedoch seine Arbeitsstelle in Berlin und musste dort bleiben. Er schrieb an meine Mutter, sorgte sich um sie, besonders fragte er nach Franz.

2. November 1943

Und der kleine Knilch, es macht mir riesigen Spaß, wenn er anfängt zu krähen, wenn er mich sieht. Wenn seine Entwicklung, was ich ja nicht so beurteilen kann, auch langsam ist, so finde ich doch einen stetigen Fortgang vor. Und jetzt hat er das schöne große Zimmer zum Austoben. Er hat es doch bis jetzt mit seinen Eltern noch recht gut getroffen, jedenfalls soll er es so lange es irgend geht so glücklich wie möglich haben.

Ruth, Franz und Wyla wohnten zunächst in einem Haus am Ende des Dorfes in Richtung Liepe, in dem das Ehepaar Safis lebte. Johannes und Dorothea Safis waren

Meine Oma mit deiner Oma: Wyla und Katinka im Garten der Familie Safis, 1944

etwa 1927 nach Brodowin gekommen und hatten dort ein Haus gebaut. Safis war Grafiker, hatte noch unter seinem ursprünglichen Namen Sauer Werbeplakate entworfen. Da er Jude war, zog er sich in dieses abgelegene Dorf zurück und lebte fortan von Ziegenzucht und Bienenhaltung. Er hielt weiße Mäuse, zähmte eine Dohle und war in der Gemeinde aktiv.

Am Tag meiner Geburt hatte meine Mutter einen Stich seiner Bienen auf der Nase. Und in seinem Haus war es dann so weit. Es war der 31. Juli 1944, ein Montag. Meine Mutter sagte, ich hätte niemandem Zeit gelassen, auch nur irgendetwas zu tun. Sie erzählte immer, ich sei ihr einfach aus dem Schlüpfer auf die Couch geflogen.

Der Arzt musste vom Hochsitz geholt werden, um mich abzunabeln. Als er mich sah, soll er zu meiner Mutter gesagt haben: »Die hat ne Stupsnase, Sie werden sehen, die kommt gut durch die Welt.«

Meine Großmutter und Franz waren bei meiner Geburt dabei. Mein Vater kam aus Berlin und besuchte uns im Krankenhaus, in das man uns hatte bringen lassen.

Bald konnte er auch das nicht mehr tun. Zehn Tage später zog die Firma *Paul Aschenbrenner*, für die Heinz arbeitete, von Berlin-Babelsberg nach Weil am Rhein, da es dem Betrieb in Berlin nun zu unsicher wurde. Es war sein Broterwerb, und so musste mein Vater mit. Ruth blieb mit Wyla, Franz und mir in Brodowin.

Während seiner Abwesenheit schickte er regelmäßig Briefe an meine Mutter, die ich nach ihrem Tod fand. So erfuhr ich vieles von dem, was meinem Vater in den ersten Monaten meines Lebens passierte. Doch davon später, viele Grüße,

Oma

Liebe Franzi,

mein Blick fiel gerade wieder auf den Setzkasten in der Küche. Seit du das letzte Mal bei uns warst, ist ein kleiner Stuhl aus Glas dazugekommen. Opa und ich kauften ihn auf unserer Reise nach Weil am Rhein, der Stadt der Stühle, in der mein Vater eine Zeit lang lebte. Ich will dir heute schreiben, was er dort tat.

Heinz Gützlaff war kurz vor meiner Geburt schwer erkrankt. Er hatte gerade die Behandlung eines Zungentumors mittels Bestrahlung hinter sich und hoffte, nun geheilt zu sein. Doch in Weil am Rhein hatte er bald wieder Schmerzen in der Zunge. Er ging zur Untersuchung in die Universitätsklinik nach Freiburg und schrieb meiner Mutter von den Ergebnissen:

20. August 1944

Der Professor war furchtbar nett. Aber er war mit meiner Zunge gar nicht zufrieden. Es muß noch mal von vorne angefangen werden. Er will zusätzlich Drüsen am Hals bestrahlen.

(...) Er war sofort bereit, mich in seine Abteilung zu legen, sah das sofort ein. Berlin sei unter den augenblicklichen Umständen sehr ungünstig. So habe ich gleich die erste Bestrahlung wegbekommen und muß morgen ins Krankenhaus. (...) Ich bin ganz deprimiert und traurig. Ob ich denn überhaupt nicht mehr gesund werde? (...)

Ja, Spätzchen, so ist das nun. Schöne Bescherung, was?

Zu allen gesundheitlichen Problemen trat die nagende Sorge um die allein gelassene Familie in diesen Kriegszeiten:

Wenn wir nicht etwas Geld hätten, könntet Ihr Lieben bei solch einem Ernährer glatt verhungern. All das macht mir wirklich schwere Sorgen. Nun hat man all die Jahre mit äußerster Widerstandskraft alle Schwierigkeiten überwunden, und jetzt ist man fertig. Außerdem ist der Krieg immer noch nicht zuende. Man darf gar nicht viel nachdenken, sondern muß alles stoisch über sich ergehen lassen.

Wie geht es nun bei Euch? Was machen unsere Kinder? Garten? Holz? Ich denke furchtbar viel an Euch und bin sehr ungern so weit fort.

(...) Also leb wohl, Liebste, sei tausendmal innig umarmt, und drück die Kinder von mir. Recht herzliche Grüße an unsere Omamam.

Dein Babba Heinz

Die ersten Bestrahlungen wurden mit einer hohen Dosis durchgeführt. Heinz bekam Fieber, litt große Schmerzen. Als man ihm kein Morphium gab, rastet er aus:

5. September 1944

Heute Riesenkrach mit dem Arzt. Jetzt habe ich durchgesetzt nachts 1 bis 2 Spritzen nach Bedarf. Vor jeder Mahlzeit eine starke Tablette. Mit Kamillentee sollte ich nur fleißig spülen. Na, heute (nach langem schwerem Leiden) ist der Zylinder geplatzt. Komisch, ich komme mit Höflichkeit und Anstand nie aus. Aber als ich tobte, mir der Geifer (wirklich) aus dem Maul und die Tränen (Wut und Schmerz) über die Backen liefen. Plötzlich raustobte in die geheiligten sakralen Räume der Klinik und wie ein Bolschewik nach dem Prof. kommandierte. Nu, da ging's, und das ist die Hauptsache.

Eine Geduldsprobe: Selbstportrait meines Vaters Heinz Gützlaff

Am 8. September besuchte ihn ein Freund:

Es geht die Tür auf, und Cäsar ist da. Herrgott, habe ich mich gefreut. (...) Er hat mir wundervollen Wein gebracht, und so süffle ich mir ab und zu einen an. Die Schwester hat ihm gesagt, Wein wäre bis jetzt das Beste an Medizin gewesen, was man bei mir ausprobieren konnte.

Dieser Cäsar scheint zu dieser Zeit ein wichtiger Mensch für Heinz gewesen zu sein. Sein richtiger Name war Walter Steidl. Ich weiß nicht, woher die beiden sich kannten. Als ich im Nachlass meiner Mutter Post von ihm fand, versuchte ich, Kontakt zu ihm aufzunehmen, doch vergeblich. Vielleicht hätte er mir noch etwas von meinem Vater erzählen können.

Er blieb lange der einzige Besuch aus der Heimat, den mein Vater in diesen Kriegszeiten im Krankenhaus erhielt. Heinz war allein mit seinen Schmerzen, und seine Situation ließ ihn manches Mal verzagen:

16. September 1944

Ich finde mich überhaupt in meinem eigenen Leben nicht mehr zurecht. (...) Ich bin jetzt mit den Nerven so runter, daß ich manchmal stundenlang heulen muß. Ich weiß auch nicht, wie das kommt. Es ist mir oft wahnsinnig peinlich, aber ich bin einfach hilflos.

Was macht denn unser Söhnchen? Hoffentlich ist er glücklich. Junge, Junge, in was für eine Zeit wächst das so hinein. Hoffentlich kann ich später noch tüchtig arbeiten, um es Euch einigermaßen nett zu machen. Ach, könnte ich Dich doch mal für ein Stündchen herzaubern. Aber Freiburg ist im Moment genauso weit wie Neuseeland.

Mein Vater scheint sich in seinem Zustand des Wartens wie eingesperrt gefühlt zu haben. Seine Zeit im Krankenhaus erinnerte ihn gar an seine Haft:

15. Oktober 1944

Es scheint, ich muß alle zehn Jahre so eine Geduldsprobe mitmachen. Vor zehn Jahren 1934 war es auch so, nur wußte ich, wann die Tore sich öffnen, und es war nicht so gefährlich.

In Gedanken war Heinz viel bei uns in Brodowin:

19. August 1944

Ich versuche oft, mir meine Tochter vorzustellen. Es gelingt schwer. Vielleicht ergibt sich trotz der Schwierigkeiten mal die Möglichkeit einer Aufnahme. Was macht Brodowin sonst? Blühen die Astern schon? Wie kommt unsere Oma zurecht?

12. September 1944

Also Omamam freundet sich langsam mit Katinka an. Ich bin ja so gespannt auf meine Tochter. (...)

In dem Brief vom 17. 9. schriebst Du, wie der Junge Dir in die Brombeeren nachgelaufen war. Ich hab mächtig Sehnsucht bekommen, als ich das las. Sind denn Fränzchens Haare wieder lang?

Und was ich schon immer mal fragen wollte, welche Augenfarbe hat denn meine Tochter?

Es muss eine große Liebe zwischen meinen Eltern gewesen sein. Heinz sehnte sich nach Ruth:

21. September 1944

Weißt Du, im Drange der Ereignisse des letzten Jahres ist es einem nicht so bewußt gewesen, aber jetzt weiß ich wieder, wie ich mit allen Fasern an Dir hänge, meine ganz große Liebe. Und wenn ich jetzt oft das Resultat meines Lebens enttäuschend finde.

Diese meine große Liebe durch dick und dünn und trotz alledem, die heute noch so frisch (ist) und mich jetzt dadurch so unruhig macht, diese Liebe habe ich gelebt und lebe noch. Vielleicht ist das sogar viel für ein Leben.

Im Oktober 1944 konnte meine Mutter endlich für einige Tage nach Freiburg fahren und ihren geliebten Mann im Krankenhaus besuchen und aufmuntern. Welch eine Freude …

15. November 1944

Morgen sind es schon 4 Wochen her, daß Du plötzlich da warst. Wenn ich so daran denke: Mein Gott war das eine Freude. So wahnsinnig habe ich mich selten in meinem Leben gefreut. Ich kann mich direkt an keinen Fall erinnern. Und dann kamen die »Butterplätzchen«, mein Gott waren die gut. Jetzt könnte ich sie gar nicht essen. Du hast wirklich den besten Moment für einen Besuch abgepaßt.

Der Rest des Tumors sollte schließlich mittels Operation entfernt werden. Dafür siedelte mein Vater in eine Privatklinik über. Die Operation erfolgte am 3. November 1944. Doch mein Vater lebte weiter mit der permanenten Unsicherheit:

Meistens bin ich ziemlich unglücklich, daß die Krankheit so langwierig ist und im Grunde doch sehr wenig Aussicht auf endgültige Besserung besteht. Jetzt habe ich nun dieses Riesenloch in der Zunge, da geht eine halbe Schrippe rein. Und wenn nun nur eine Zelle hängengeblieben ist, war alles umsonst.

Der letzte Brief, der aus dieser Zeit existiert, wurde am 18. November 1944 geschrieben.

Meine liebe, liebe Ruth, heute ist hier ein wunderbarer Tag. Es ist ganz warm, und ich bin schon über 2 Stunden in der Sonne spazierengegangen. Und, so ein Leichtsinniger, sogar einen Zitronenfalter habe ich gesehen, am 18. November. Wenn so ein schöner warmer Sonnentag ist, hat man gleich eine ganz andere Stimmung.

Es geht mir auf die Nerven, daß ich nun doch schon wieder 3 Wochen hier bin, ohne das Ende absehen zu können. Zudem jetzt wieder die Front sehr in Aufruhr ist und sich die Verhältnisse in sehr kurzer Zeit sehr ändern können. Heute bin ich in besserer Stimmung und sehe die Dinge weniger schwarz. Wenn ich nur erst etwas besser sprechen könnte, damit ich mit dem Arzt mal reden kann. Ich denke aber in den nächsten Tagen so weit zu sein.

Dieses Mal hatte er recht. Ende November wurde Heinz aus dem Krankenhaus entlassen. Noch bis zum 11. Mai 1945 arbeitete er bei seiner Firma. Und ab Juli 1945 lebte mein Vater ganz bei uns in Brodowin.

Als ich seine Briefe zum ersten Mal las, war ich längst eine erwachsene Frau und meine Eltern beide gestorben. Ich hatte all dies nicht gewusst. Ich saß zwischen einem Stapel Briefe und versetzte mich in die Lage meines Vaters: die Krankheit, die kaum zu ertragenden Schmerzen, so weit weg von zu Hause, und seine unendliche Traurigkeit, die in vielen Zeilen zum Vorschein kam. Die Tränen liefen mir in Strömen.

Vor kurzem fuhr ich mit Opa nach Weil am Rhein. Ich wollte gern wissen, wo mein Vater gewohnt hatte. Wir fanden das Haus und besuchten die Uniklinik in Freiburg. Meine Suche nach den alten Krankenhausunterlagen blieb ohne Ergebnis, aus den Kriegszeiten ist nichts mehr vorhanden. Doch auf unseren Spaziergängen stellte ich mir vor, wie mein Vater als junger Mann diese Wege gegangen war. Der kleine Glasstuhl in meinem Setzkasten, den ich von dort mitbrachte, erinnert mich an ihn.

Alles Liebe
Deine Oma

Liebe Franzi,

als mein Vater 1945 zu uns zog, wurde es bei Familie Safis zu eng. Meine Eltern mieteten ein Haus mitten im Dorf. Wir hatten vier Zimmer und eine Küche. Das Schlafzimmer meiner Eltern war zugleich das Wohnzimmer mit einem großen Tisch, den sonntags stets eine saubere Tischdecke schmückte. Tagsüber verschwand das Bettzeug in unserer Truhe und das Ehebett wurde zum Sofa.

Als Kind erschien mir all das riesig. Wenn ich es heute sehe, wirkt es doch viel kleiner. Wie groß das Bett meiner Eltern wirklich war, weiß ich nicht, ich habe nie darin geschlafen. Du hast schon bei deinen Eltern geschlafen, nicht wahr, Franzi? Meine Kinder

Das Haus der Familie Gützlaff in der Dorfstraße 4a in Brodowin. Es sieht 2008 noch genauso aus wie in den fünfziger Jahren. Nur die Fenster sind wohl neu

kamen manchmal in unser Ehebett, als sie noch klein waren. Franz und ich taten das bei unseren Eltern nie. Vielleicht war es wirklich zu klein, vielleicht wollten meine Eltern es nicht? Es war eben so.

Zum Haus gehörten ein Hof, eine Scheune, ein Stall, ein Schuppen, eine Waschküche und ein großer Garten, den ich noch genau vor mir sehe. Dort wuchsen Obstbäume und Blumen und meine Mutter pflanzte alles an, was wir für die Küche brauchten.

Im Hof gab es eine Schaukel, auf der ich genauso gern »in die Wolken flog«, wie du bei uns in Schwanebeck. In der Scheune konnte man wunderbar herumtoben und von oben ins Heu springen. Ich tat das ausgiebig, während Franz mir mit seiner Behinderung nicht so folgen konnte. Ich wurde manchmal ungeduldig, wenn ich wieder auf ihn warten oder meinem

Endlich zusammen: Meine Eltern Ruth und Heinz Gützlaff in Brodowin, 1950

älteren Bruder die Schleife binden sollte. Doch ich zog aus seiner Einschränkung auch Vorteile: Eines Tages schenkte Onkel Rolf aus Amerika ihm einen *Stabilbaukasten.* Mein armer Bruder konnte damit nicht so gut umgehen, und so hatte ich mehr davon.

Wir erhielten schöne Spielzeuge, denn die Geschwister meiner Mutter versorgten uns regelmäßig mit Paketen aus Amerika und Neuseeland. Einige Freunde unserer Eltern hatten zu dieser Zeit keine Kinder und verwöhnten uns ebenfalls. Einzig unangenehm daran war, dass wir uns anständig bedanken mussten. Erst danach durften wir unsere Spielzeuge genießen. Franz liebte eine Puppe, die den seltsamen Namen »Ei« trug, vielleicht weil sie so aussah. Ich spielte auch mit Puppen.

Mein Vater hatte für uns eine Puppenstube mit zwei Zimmern gebaut und grün angestrichen. Solche Dinge tat er gern. Ich kann mich allerdings nicht erinnern, dass meine Eltern selbst mit uns gespielt hätten. Wir Kinder beschäftigten uns meist allein. Ruth und Heinz arbeiteten viel und gingen in ihrer Freizeit oft gemeinsam spazieren. Das war Franz und mir zu langweilig und so blieben wir zu Hause. Heute kann ich meine Eltern verstehen. Sie waren so lange getrennt gewesen und hatten so vieles durchgemacht, nun hatten sie sich endlich wieder.

Es gab jedoch Situationen, die ziemlich unheimlich werden konnten: Unsere Toilette befand sich im Stall. Fließendes Wasser im Haus hatten wir noch nicht. Jeden Tropfen mussten meine Eltern von der Pumpe im Hof holen. Deshalb gingen wir sparsam damit um. Die Toilette war also ein Plumpsklo, direkt neben unserer Kuh – ohne eine trennende Wand. Es war angenehm warm dort, für ein kleines Mädchen wie mich jedoch nicht so ganz geheuer: die große Kuh, der Geruch …

Doch das war gar nichts gegen den Schlachttag! Dann wurde es ganz gruselig. Das Schwein wurde an einem Bein festgebunden und schrie entsetzlich. Ich fand das so schrecklich, dass ich mich beim Nachbarn auf dem Lokus versteckte, der im Gegensatz zu unserem über eine Tür verfügte. Dahinter hockte ich und wartete darauf, dass das Schreien verstummte. Erst dann steckte ich vorsichtig den Kopf heraus. Wenn es still wurde, wusste ich: Die Kehle ist durch. Das Schlimmste war überstanden – doch schön war es damit noch lange nicht. Die frisch zerschnittenen Schweinehälften hingen in unserer Waschküche, und zu allem Überfluss musste ich sogar Blut rühren, das ebenfalls verarbeitet wurde. Ein furchtbarer Tag.

Zwischen solchen armen Schweinen und uns zwei Kindern tummelten sich in unserem Hof Kaninchen, Hühner, Gänse, Enten und Katzen. Nicht zu vergessen unser Dackel Macky! Ich hing an ihm. Eines Tages jedoch wurde er von zwei großen Hunden angegriffen. Sie richteten ihn so zu, dass er sich schwer verletzt gerade noch zu unserem Gehöft schleppte und in die Scheune schlich. Franz und ich sahen zu, konnten als Kinder aber nicht eingreifen. Als Hilfe eintraf, war es zu spät: Macky war gestorben. Ich war sehr traurig.

Aufmuntern konnte man mich in solchen Fällen gut mit Süßem – du weißt ja, ich nasche heute noch gern. Lebensmittel gab es in der Nachkriegszeit auf Marken. Für Zuckermarken bekam man Bonbons. So »organisierte« ich einige davon für mich.

Wir übernahmen kleine Pflichten im Haushalt. Ich entkeimte Kartoffeln oder half beim Abwasch. Anstren-

Katinka, Ruth, Franz und Heinz Gützlaff (v. l.): Meine Familie in Brodowin, 1950

gend wurde es, wenn Oma Wyla um Hilfe beim Polieren des Silberbestecks bat. Ich stellte mich manchmal in ihren toten Winkel, damit sie mich nicht sah, und täuschte einfach ohne Gabel in der Hand Polierbewegungen vor.

Unser Brot kauften wir beim Müller, der gleichzeitig Bäcker war. Wenn ich es bei ihm abholte, erreichte das wunderbar frische Brot nie mit beiden Kanten das Haus.

Andere Dinge verschwanden ebenfalls. Zu einem Weihnachtsfest bekam ich von meinem Onkel Rolf zwei Puppen. Sie waren Zwillinge – und doch gab es plötzlich nur noch eine. Die andere hatte ich meiner Freundin Jutta geschenkt. Meine Eltern waren darüber nicht erfreut: Ich war gleich am ersten Feiertag damit losgezogen. Die andere Puppe lag nun allein unter unserem Weihnachtsbaum, der wie immer in unserem Wohnzimmer stand.

Jedes Jahr, kurz vor Weihnachten, unternahmen

mein Vater, Franz und ich einen schönen langen Spaziergang – und wenn wir zurückkehrten, stand ein Weihnachtsbaum im Hof. »Das war der Weihnachtsmann«, erzählte man uns. Ich glaube inzwischen, es wird wohl doch der Förster gewesen sein ...

Ja, es war schön in Brodowin. Und mir fällt gerade auf: Heute ist Sonntag, Franzi. Ob du heute beim Anziehen darüber nachgedacht hast? Als ich klein war, gehörte sich das noch so: Jeden Sonntag zog mir meine Mutter ein frisch gewaschenes und gestärktes Kleid an, das eine Schneiderin aus der Umgebung genäht hatte – und jeden Sonntag kleckerte ich Kakao, den es nur sonntags gab, darauf. Und damit nicht genug: Beim Herumstrolchen draußen auf dem Leiterwagen kam noch Wagenschmiere dazu. Meine Mutter war sicher: »Jeden Sonntag.« »Alte« Sachen zog sie mir trotzdem nicht an. Das schickte sich einfach nicht.

Ja, liebe Franzi, seitdem ist viel Zeit vergangen. Heute bin ich eine Oma, die dir Geschichten erzählt. Ende der vierziger Jahre dagegen war ich die kleine Enkelin, die ihrer Oma gern zuhörte. Ich mochte die »Dämmerstunden«. So nannte man es, wenn Stromsperre war. Dann saßen wir bei Kerzenschein, im Winter am warmen Ofen und meine Oma erzählte. Wir hockten gemütlich in unserem kleinen Zimmer, in dem ich in einem Korb Kaninchen und Küken großziehen durfte. An Wylas Geschichten selbst kann ich mich nicht mehr erinnern. Aber bis heute mag ich es, in einem Zimmer zu sitzen und zu warten, bis es völlig dunkel ist, ohne vorher das Licht anzuschalten.

Das will ich jetzt einmal wieder tun. Ich wünsche dir einen schönen, friedlichen Abend.

Oma

Im Garten mit Dackel Macky

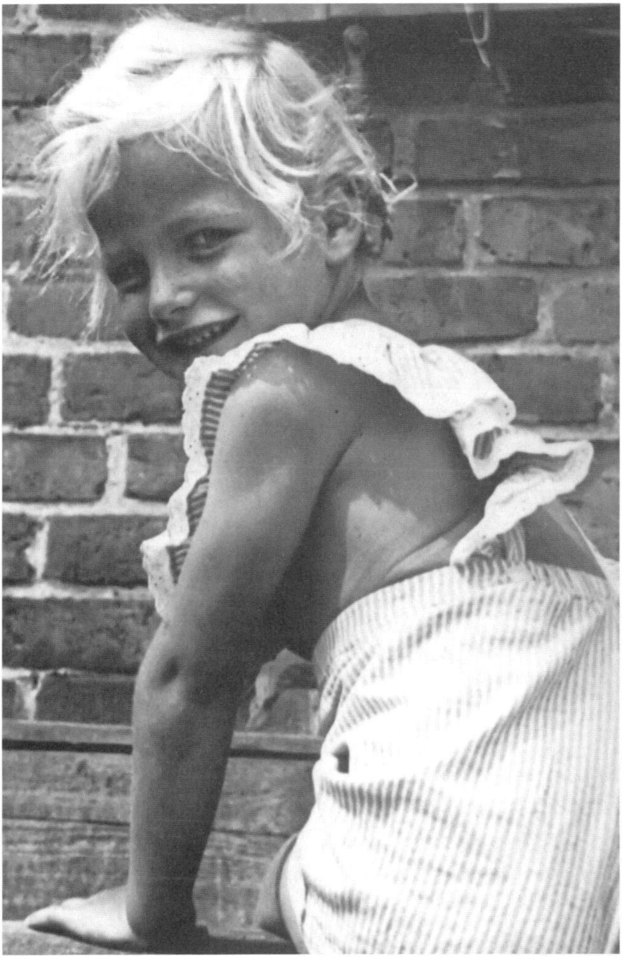

Ob das Kleid wohl sauber bleibt? Katinka auf dem Dorf, 1950

Liebe Franzi,

bist du gerade allein zu Hause? Grüße deine Eltern bitte von mir. Kommt dein Papa spät von der Arbeit? Weißt du etwas über seinen Beruf? Über den meines Vaters möchte ich dir heute etwas erzählen.

Du hast ja schon erfahren, dass er als junger Mann Maschinenschlosser war. In Brodowin fand Heinz Gützlaff eine neue Aufgabe. Er beschrieb es so:

Beim Zusammenbruch des Naziregimes 1945 wohnte ich in Brodowin. Nach der Neubildung der KPD war ich in Berlin im Sekretariat in der Wallstraße (...) und erhielt eine Bescheinigung, daß ich berechtigt bin, in der Gemeinde Brodowin im Sinne der KPD zu arbeiten.

Ich habe dann, zusammen mit der Kreisleitung Angermünde, die Ortsgruppe KPD Brodowin gegründet, zu deren 1. Vorsitzenden ich ernannt wurde. Im November 1945 war ich drei Wochen auf der Parteischule in Schmerwitz bei Belzig.

Am 2. April 1946 fand in Brodowin eine Neuwahl des Bürgermeisters statt. Die Mehrheit votierte für mich.

Ende April 1946 gründete sich die SED, die Sozialistische Einheitspartei Deutschland, die aus SPD und KPD hervorgegangen war. Sie wurde die führende Partei in der sowjetischen Besatzungszone und spätere »Staatspartei« der DDR.

Mein Vater trat ihr noch im Gründungsmonat bei. Bürgermeister nach dem Ende des Krieges zu sein, bewusst in der sowjetischen Besatzungszone zu leben und den Sozialismus mit aufzubauen, war ein schwieriges Unterfangen. Wo nahm Heinz nur den Mut, die Kraft und die Bildung dafür her?

Sein alter Freund Cäsar beschrieb meinen Vater viele Jahre später in einem Brief an Ruth so:

Dieser Heinz war ein ganz ungewöhnlicher Mann. Soviel ich weiß aus kleinsten, fast noch proletarischen Verhältnissen stammend, mit sehr dürftiger Schulbildung früh zum Erwerb gezwungen, Metallarbeiter, auffällig klein, aber stämmig, mit extremer Kurzsichtigkeit. Seine große Intelligenz hätte erwarten lassen, daß er sein Leben als Werkmeister, Vorarbeiter, oder vielleicht als Abendschulingenieur beschlösse.

Tatsächlich aber gelang es ihm, ein Bildungsniveau zu erwerben, das ihm die Kreise der sogenannten Intellektuellen öffnete. Diese innere Leistung ist nachgerade ein Unikum. Sie verrät nicht nur ungewöhnliche geistige Gaben, sondern auch eine sehr differenzierte seelische Entwicklung. Meines Wissens hat er sich all das, was dem Menschen seiner Umgebung in fünfzehn Jahren höherer Schule und Hochschule an geistiger Erziehung beigebracht wird, selbst erarbeitet.

Seinem Herkommen verhaftet blieb seine Vitalität, seine Kritik, seine Illusionslosigkeit, sein einfacher Lebensstil, seine herzliche Kameradschaft. Dazu der Berliner Witz und die Abgebrühtheit des Großstädters, dem man schwer imponieren kann.

Er war Marxist aus Überzeugung, er glaubte an das Ideal des klassenlosen Staates, in dem alle für das gemeinsame Wohl arbeiten. Dieser Überzeugung hat er Opfer gebracht, die jenseits aller Ideologien menschlich bestehen. Er war ein Überzeugungstäter.

Das war er wohl. Wie auch meine Mutter. Nach dem Zweiten Weltkrieg war für die beiden die einzig vorstellbare und wünschenswerte Lebensform der gerechte und menschliche sozialistische Staat – die DDR, wie sie konzipiert war. Sich dafür einzusetzen erschien meinem Vater als Pflicht. Er war überzeugt von seiner Aufgabe und vertrat seinen Standpunkt beharrlich.

Ich weiß von einer Geschichte aus seinem ersten Jahr als Bürgermeister: Er war mit der Katechetin des Ortes befreundet.

Franzi, du kennst ihren Sohn. Wir beide waren eine Woche bei ihm in Bad Suderode in den Ferien, erinnerst du dich an Wilhelm? Sein Vater war im Krieg geblieben und seine Mutter hatte in Brodowin Kirchenacker gepachtet, um für sich und Wilhelm Nahrungsmittel zu produzieren.

Das bedeutete, dass sie ein Abgabesoll zu leisten hatte. Im Mai erhielt sie Lupinensaat, die sie auf Vermehrung aussäen sollte. Doch bereits im September hatte sie ihr Soll an Samen abzuliefern. Das war in so kurzer Zeit nicht möglich. Die Katechetin und einige andere Bauern mussten sich deshalb vor dem Kreisgericht in Angermünde wegen Sabotage verantworten, ihnen drohte Gefängnis.

Heinz hatte davon gehört und ein Gutachten eingeholt. Am Verhandlungstag fuhr er zum Kreisgericht und setzte sich ins Publikum. Als die Anklage verlesen wurde, stand Heinz auf, sprang über die Barriere und protestierte.

Der Richter schrie ihn an: »Wer sind Sie und was wollen Sie?«

»Heinz Gützlaff«, antwortete mein Vater, »Bürgermeister von Brodowin.«

Der Richter wollte ihm das Wort verbieten, doch beisitzende russische Justizbeamte ließen ihn reden.

Ein Mann, der andere zu überzeugen wusste: Heinz Gützlaff, 1946

»Haben Sie überprüft, wann die Angeklagten den Samen für die Lupinensaat bekommen haben?«

»Nein, das ist nicht meine Aufgabe«, erwiderte der verärgerte Richter.

Heinz überreichte ihm das Gutachten. Der Richter errötete. Nachdem es auch die russischen Justizbeamten gelesen hatten, bescheinigten diese dem deutschen Richter Unfähigkeit, brachen die Verhandlung ab und entschuldigten sich bei den Angeklagten.

Mein Vater war ein engagierter Bürgermeister. Die Probleme nach dem Krieg waren riesig. Der Übergang vom Großbauerntum in eine sozialistische Landwirtschaft traf nicht nur auf willige Helfer. Neubauern, also landlose Bauern oder Flüchtlinge, übernahmen im Zuge der Bodenreform enteigneten Besitz. Wie bei Wilhelms Mutter wurde das neu eingeführte Abgabesoll, das die Ernährungslage sichern sollte, oft unüberlegt zu hoch angesetzt.

Mit all diesen Themen hatte sich mein Vater herumzuschlagen. Ich erinnere mich, dass er nach der Arbeit oft Kopfschmerzen hatte und sich erschöpft zurückzog. Er arbeitete im Gemeindehaus, gleich nebenan. Und wenn ich an dieses Haus denke, fällt mir eine Geschichte ein, die du schon immer gern gehört hast. Ich hebe sie mir für das nächste Mal auf.

Bis dahin sei herzlich gegrüßt von

deiner Oma

Liebe Franzi,

da hatte ich doch bisher glatt eine deiner Lieblingsgeschichten aus Brodowin vergessen!

Es war etwa 1948. Gemeinsam mit meiner Freundin Jutta entdeckte ich, dass an der Wand des Gemeindehauses Seile gespannt waren. Wir wussten nicht, wozu sie dienten, uns interessierte etwas anderes ... Wir kletterten an ihnen hoch.

Wir waren ein gutes Stück vorangekommen – da passierte es! Die Seile rissen und wir flogen auf die gepflasterte Einfahrt. Jutta stand auf und rannte davon. Ich versuchte dasselbe, ging aber wieder zu Boden.

Jemand muss mich nach nebenan in unser Haus getragen und auf Oma Wylas Bett gelegt haben. Sie standen um mich herum und beschlossen: »Das Kind muss ins Krankenhaus nach Eberswalde.«

Ich hatte solche Angst vorm Krankenhaus und empfand im Liegen gar keine Schmerzen im Bein. Ich schrie und boxte – aber es half nichts: Man brachte mich nach Eberswalde. Ich erhielt einen Gipsverband und brachte so etwa sechs Wochen zu.

Alle waren sehr nett zu mir, am Tag saß ich oft auf unserem Hof und beobachtete unsere Tiere. Meine Mutter verwöhnte mich mit gutem Essen – wozu ihrer Meinung nach Spargel gehörte. Als Kind schmeckte mir dieses edle Gemüse gar nicht. Da ich dies verschwieg, tischte meine Mutter es häufig auf. Sowie sie außer Sichtweite war, fütterte ich mit dem Spargel die Enten.

Ich sehe schon, Franzi, wie du gleich losprustest vor Lachen über deine Oma. Ich war als Kind auch ziemlich albern und flog manchmal vom Tisch, wenn ich mich nicht beruhigte.

Du und ich: Franziska 1999 (links auf einem Foto) und Katinka 1950 (auf einer Zeichnung meines Vaters)

Manches haben Omas und Enkelinnen eben gemeinsam, nicht wahr?

Bis zum nächsten Mal, Franzi,
deine Oma

Liebe Franzi,

seid ihr gestern gut nach Hause gekommen? Es war ein schöner Geburtstag und wieder mal ein richtig »volles Haus« mit drei Generationen der Familie Reiher unter einem Dach.

Als Kind kannte ich es nicht anders. Franz und ich lebten mit unseren Eltern und unserer Oma in Brodowin in einem Haus zusammen.

Jeden Tag. Und meistens ging alles gut. Nur manchmal war die Stimmung gereizt. Da reichten Kleinigkeiten. Mein Vater wurde zum Beispiel fuchsig, wenn Wyla beim Frühstück die Kaffeetasse nicht richtig auf die Untertasse stellte oder den brühheißen Kaffee schlürfte.

Heinz war ohnehin schnell gereizt. Wenn wir im Sommer draußen frühstückten, konnten ihn Gänse unter dem Tisch so böse machen, dass er zutrat. Ich erinnere mich an eine Gans, die es nicht überlebte, ihn geärgert zu haben.

In unserer Wohnung gab es jedoch Rückzugsmöglichkeiten. Meine Großmutter hatte ein schönes Zimmer, eingerichtet mit der guten alten Truhe, Kommode und Nähtisch – die du aus unserem Haus in Schwanebeck kennst –, Spieltisch, Kleiderschrank, Kredenz, Teppichen. Unsere Oma war eine wichtige Stütze im Haushalt. Sie kochte und backte sehr gut, besonders schmeckten mir ihre süßen Gerichte. Sie kochte beispielsweise wunderbaren Grießflammeri, den du ja bei mir auch so gern isst, Franzi.

So ging es meist friedlich zu und wir lebten alle gemeinsam – bis wir eines Tages Ende der vierziger Jahre einen Brief von Onkel Rolf aus Amerika erhielten ...

Rolf Katzenstein wollte seine Schwester Ruth in der schweren Nachkriegszeit entlasten. Er und seine Frau hatten als Pathologen in Amerika Fuß gefasst. Es ging ihnen dort sehr gut, und so wünschte sich Rolf, dass seine Mutter daran Anteil hätte. Er bot an, Wyla bei sich aufzunehmen – und meine Oma stimmte zu. Ich weiß nicht, was sie lockte, ob sie sich in Amerika ein schöneres Leben erhoffte. Vielleicht wollte sie nur ihren Sohn nicht enttäuschen.

Meine Großmutter machte sich jedenfalls auf die weite Reise. Sie hatte offenbar den Plan, dort den Rest ihres Lebens zu verbringen, denn sie bat darum, dass ihre Sachen nachgeschickt werden.

Doch dazu kam es nicht. Die Möbel meiner Oma blieben bei uns in Brodowin. Denn nach knapp anderthalb Jahren traf ein trauriger Brief von Wyla ein: Sie fragte an, ob sie zurückkehren dürfe. Es wäre furchtbar für sie in Amerika. Sie sprach kein Englisch und hatte ein gespanntes Verhältnis zu ihrer Schwiegertochter. Wie ich erst später erfuhr, schrieb sie sogar, dass sie sich das Leben nehmen würde, wenn sie nicht wieder bei uns wohnen dürfe. Mein Vater schickte sofort ein Telegramm und sagte ihr, sie sei jederzeit willkommen.

Als sie in Brodowin eintraf, glich es für uns Kinder einer kleinen Sensation. Alle gemeinsam holten wir sie mit dem Pferdewagen vom fünf Kilometer entfernten Bahnhof Chorin ab. Nun waren wir wieder alle unter einem Dach versammelt. Tatsächlich alle? Nicht ganz, denn einer fehlte. Davon berichte ich dir beim nächsten Mal.

Bis dahin, ganz liebe Grüße von

Oma

Liebe Franzi,

ich sitze einmal wieder vor dem Stapel Briefe meines Vaters, die mir lange nach seinem Tod viele Geschichten mit seiner Stimme erzählen.

»Wieso Briefe?«, fragst du vielleicht. »War Heinz nicht inzwischen Bürgermeister in Brodowin und arbeitete gleich nebenan?« Ja, das ist richtig. 1950 jedoch entschied er, dass er damit aufhören und einen neuen Beruf lernen möchte.

Heinz hatte sich für den ersten Ausbildungslehrgang der Deutschen Hochschule der Justiz der DDR beworben. Er wurde angenommen und reiste am 2. Juni 1950 nach Bad Schandau. Ruth blieb mit Wyla, Franz und mir allein in Brodowin.

Nach ein paar Tagen schrieb er:

7. Juni 1950

Ich will Dir nun etwas von unserem Leben hier erzählen, damit Du eine Vorstellung hast, was hier so getrieben wird. Ich wohne also privat in dem Städtchen Schandau. (...) Das Zimmer ist häßlich mit ein paar Ehebetten und Plüschmöbeln (rot). Außerdem liegt eine Felswand 5 bis 7 Meter vom Fenster entfernt, so daß es ziemlich dunkel ist. Dafür ist es jetzt drinnen schön kühl. Es ist nämlich mächtig heiß hier. Der Lokus ist eine halbe Treppe höher. Waschen muß man sich auf einer Waschtoilette. Mein Zimmerkamerad schnarcht nicht, was sehr angenehm ist. Der Dienst beginnt um 8 Uhr morgens und endet um halb 8 Uhr abends mit anderthalb Stunden Mittagspause. Wir haben drei Arten des Unterrichts: Vorlesungen, Seminare und Arbeitsgemeinschaften, dazu kommt noch Selbststudium. (...) Es stellt sich heraus, daß ich eine Menge vergessen habe und ziemlich arbeiten muß, um es wieder ins Gedächtnis zurückzurufen.

Wieder war mein Vater lange Zeit von der Familie getrennt. Und wieder vermisste er uns:

Und Du und die Kinder? Schreib mir doch bitte ganz ausführlich. Wie es Dir geht, was Du für Kummer und Sorgen hast, was unsere Angelegenheiten machen, ob alles gesund ist und ob sich die Brodowiner anständig benehmen. Schreib mir auch, ob Du genau wie ich Sehnsucht hast, fragen die Kinder nach mir?

Vorlesungen, Seminare, Arbeitsgemeinschaften, Selbststudium: Heinz beim ehrgeizigen Lernen auf der Richterschule, Anfang der fünfziger Jahre

Ab und zu schrieb er direkt an Franz und mich:

20. August 1950

Mein lieber Franz, meine liebe Katinka!

(...) Heute ist in Bad Schandau sehr schönes Wetter und ein ganz großes Kinderfest. Ich höre die Kinder vor meinem offenen Fenster immerzu schreien. Gestern war Feuerwerk, und da war ein Wasserfall aus Feuerwerk, das war sehr schön. Dann sind fünf große Lastkähne mit Menschen und viel Musik die Elbe hochgefahren. Die Kähne waren mit Lampions geschmückt. Alle Fenster der Häuser waren mit bunten Lampen verziert, und auf den Bergen überall brannten große rote bengalische Feuer. Das war alles, weil in Schandau vor 150 Jahren das erste Mal jemand gebadet hat, und so lange heißt es Bad Schandau.

Seid vielmals gegrüßt von
Eurem Papa

Wie schon bei seinem langen Aufenthalt in Freiburg offenbarten meine Eltern in den Briefen ihre große Liebe zueinander. In der Entfernung von der Familie wurde mein Vater nachdenklich:

7. Februar 1951

Schnuppelchen, ich bin sehr glücklich darüber, daß wir uns trotz der großen objektiven Hindernisse bekommen haben. Ich bin heute noch und immer wieder darüber glücklich. Wenn ich auch zwischendurch, wie Kerls so sind, sehr schlecht zu Dir war. Das tut mir immer wieder leid und ist eine schlimme Sache von mir gewesen. Aber nie, niemals eine Minute lang, habe ich gewünscht, Dich zu verlieren. Und jetzt habe ich sehr oft so große Sehnsucht, als wären wir ganz junge Liebesleute. Und die vielen Jahre, wenn ich öfter nachts wach liege, denke ich oft darüber nach. Da waren immer wieder neue große Sorgen und wie alles so ausweglos aussah in den Jahren des Krieges. Und jetzt bin ich ein alter Mann. Quäle mich was Redliches mit der Rechtswissenschaft herum. Und so viele Dinge, die meine Kollegen aufregen, können mich gar nicht aus der Ruhe bringen.

Ein Antrieb für meinen Vater, sich mit 45 Jahren einer neuen Berufsausbildung zu unterziehen, war scheinbar sein Wunsch, Brodowin bald zu verlassen. Ich als Kind bemerkte von seiner Unzufriedenheit nichts und lebte unbeschwert in meinem Dorf. Erst aus seinen Briefen erfuhr ich, dass Heinz dort nicht mehr glücklich war:

11. Juni 1950

Na, und was mögen die Brodowiner wohl über uns sagen? Hoffentlich ist es Dir so Wurscht wie mir. Jedenfalls,

Ruthchen, habe ich festgestellt, daß es höchste Zeit war, aus dieser Atmosphäre zu verschwinden. Ich merke erst hier, wie es dort in den Köpfen der Menschen etwas anders aussieht, wie ausgerechnet in den Köpfen der Uckermärker. Man kann sich der Verlegung des Horizonts auf Dorfblickweite doch nicht entziehen, selbst wenn man wie wir gute Bücher liest. Aber die zwei Jahre müssen wir noch durchhalten, hoffentlich schaffe ich es. (…) Mensch, habe ich eine Sehnsucht nach Euch.

19. Juni 1950

Ich bin der Meinung, meine Arbeit, die kommunale und die politische, nach bestem Wissen und Können gut gemacht zu haben. Der überstürzte Abgang liegt natürlich nicht in meinem Sinne, aber sag' selbst, was konnte ich da nun tun? Es ist möglich, ja sicher, daß man jetzt jede Panne auf meine Kappe schreibt, aber das wäre sicher auch, wenn ich meinen Nachfolger vierzehn Tage eingearbeitet hätte. Wenn man uns so sehr angreift, daß es nötig ist, jemand wegen Verleumdung zu belangen, muß das nötigenfalls getan werden.

Während ich noch fröhlich durch unseren Brodowiner Garten turnte, bahnte sich in der Korrespondenz meiner Eltern der gemeinsame Abschied von dort längst an. Mein fortschrittlicher Vater war unzufrieden mit der politischen Arbeit auf dem Dorf:

29. November 1950

Aber weißt Du, man kann die Brodowiner Bauern nur zum Überlegen und damit zum gemeinsamen Arbeiten bekommen, wenn man sie wirtschaftlich vor die Hunde gehen läßt. Bei richtiger gemeinschaftlicher Arbeit un-

ter wirklichem Einsatz wohlüberlegter Methoden kann es ihnen wirtschaftlich besser gehen. Man kann die heute mit Recht geforderten hohen Leistungen nicht mit den Arbeitsmethoden der Großväter erzwingen. Und mehr als arbeiten kann man ja auch nicht. Aber jeder, der etwas von fortschrittlicher Landwirtschaft versteht, behält seine Weisheit sorgfältig für sich, damit ja die Konkurrenz nichts davon erfährt. Dabei ist das Zeitalter der Konkurrenz bei uns vorüber.

Wie du in einem früheren Brief gehört hast, war mein Vater ein ehrgeiziger Mensch. Auf der Richterschule fielen seine direkte Art und sein politisches Engagement erneut auf. Doch seine Noten waren zeitweise nicht so, wie er es sich wünschte:

3. August 1950

Meine letzte Klausur war genügend. Es ist komisch. Ich habe doch eigentlich eine klare und verständliche Ausdrucksweise, und bei meinen Arbeiten genügt das nicht. Ich bin zufrieden damit. Die verfluchten Juristen verlangen eine verdammte Präzision. Ich weiß alles, und verstehe trotzdem nicht, alles in kurzer knapper Form zu formulieren. Wie soll man das nun üben und lernen? Außerdem habe ich, oh Schande, Konkurrenz so geschrieben »Konkurenz«. Toll was? Du siehst, Alte, man soll nie denken, man könnte schon alles.

Trotz aller Schwierigkeiten: Es klappte! Nach zwei Jahren Ausbildung in Bad Schandau und ab April 1951 in Potsdam-Babelsberg erwarb mein Vater 1952 die Befähigung zur Amtsausübung als Richter, Staatsanwalt und Rechtsanwalt.

Zeugnis

Herr Heinz Gützlaff

geboren am 18.8.1905 in Berlin

hat am 1. Ausbildungslehrgang der

Deutschen Hochschule der Justiz
vom 26. 5. 1950 bis 25. 5. 1952

teilgenommen und die

Abschlußprüfung "befriedigend" bestanden.

Er hat hiermit die Befähigung zur Ausübung des Berufes als

Richter, Staatsanwalt und Rechtsanwalt

erlangt.

Der Vorsitzende der Prüfungskommission
K. Schmidt

Der Direktor

DEUTSCHE DEMOKRATISCHE REPUBLIK · MINISTERIUM DER JUSTIZ (1)

Bestätigt:
Minister der Justiz
der
Deutschen Demokratischen Republik

Potsdam-Babelsberg,
den 25. Mai 1952

Vom Bürgermeister zum Juristen: Nach zwei Jahren auf der Deutschen Hochschule der Justiz schloss Heinz Gützlaff 1952 seine Ausbildung zum Richter, Staatsanwalt und Rechtsanwalt ab

Als er auf die Richterschule ging, war ich erst sechs Jahre alt. Ich verstand nicht, was diese Ausbildung für ihn und unsere Familie bedeutete. Ich vermisste meinen Papa, der so lange weg war.

Wie es uns derweil in Brodowin erging, erzähle ich dir beim nächsten Mal.

Für heute viele Grüße, Franzi, und bis bald,

deine Oma

Liebe Franzi,

ich hoffe, du verbringst einen schönen Tag. Wie war es heute in der Schule? Macht es dir dort Freude?

Ich erinnere mich noch, wie es für mich war, zur Schule zu gehen. Im September 1950 wurde ich in Brodowin eingeschult. Wie ich dir in meinem letzten Brief schrieb, war mein Vater in der Zeit gerade in Bad Schandau. Zu meinem großen Tag schickte er in einem Brief an meine Mutter einige Zeilen ganz allein für mich:

1. September 1950

Liebe Katinka,

zu deinem ersten Schultag wünsche ich dir alles Gute. Nun bist du schon ein großes Mädchen und kannst nicht mehr den ganzen Tag spielen. Sei aber schön fleißig und werde ein kluges Mädchen, damit dein Vater einmal stolz auf dich sein kann.

Hoffentlich hat die Mutti dir ein paar Lutscher zum Schulanfang geschenkt. Laß dir diesen Brief von Franz vorlesen, und seid alle beide recht herzlich gegrüßt von

Eurem Papa

Klassenfoto mit Katinka (vorn, 2. v. r.) auf dem Pfarrhof in Brodowin. Mein Rock ist aus Neuseeland von Tante Ester, sie schickte mir Sachen, die ihren Töchtern zu klein waren

In diesen ersten Jahren in Brodowin ging ich gern zur Schule. Mir fiel es leicht zu lernen. Du hast ja selbst schon einmal in meinem Schulhaus gestanden, als wir in Brodowin waren. Heute ist es ein Geschäft für Lebensmittel. Als es noch meine Schule war, gab es darin zwei Bereiche: einen Raum für die Klassen 1 bis 4, einen für die Klassen 5 bis 8. Kannst du dir das vorstellen? Vier Klassen in einem Raum! Wenn die Lehrerin eine davon unterrichtete, mussten die anderen schriftliche Aufgaben erledigen.

Der Dorfanger vor der Schule war unser Sportplatz. Ich sehe ihn vor mir, aber erinnere mich kaum daran, wie unser Sportunterricht ablief. Sicher bin ich, dass ich Spaß daran hatte. Ich liebte unsere Wandertage,

Schulkind Katinka in Brodowin, 1952

bei denen wir uns regelmäßig auf »Schnipseljagd« begaben.

Ich war nun also ein Schulkind und mein Vater behielt recht: Ich konnte nicht mehr den ganzen Tag spielen. Doch noch jemand anderes hatte in diesen Monaten viel zu tun. Von ihr hörst du in meinem nächsten Brief.

Bis dahin, meine liebe Enkeltochter, alles Gute
Oma

Liebe Franzi,

mit dem Schlusssatz meines letzten Briefes ging ich gestern in Gedanken an meine Mutter Ruth ins Bett. Heute sitze ich mit einer Tasse Kaffee mitten in einem Haufen von Briefen meines Vaters. Ich lese mich wieder fest: Er schreibt über seinem Alltag in Bad Schandau und zusammen mit seinen Antworten auf die Briefe meiner Mutter, die verloren gegangen sind, ergibt sich ein lebendiges Bild dieser Zeit. Sehen wir es uns gemeinsam an?

Stellen wir uns zunächst die Situation meiner Mutter vor: Es ist das Jahr 1950. Sie lebt in Brodowin. Franz ist neun Jahre alt, ich bin sechs und bringe keinen Sonntag ohne ölverschmiertes Kleidchen über die Bühne. Haushalt, Garten, die Tiere, sechs Morgen Land und ein Abgabesoll, für das gesorgt werden muss. Großmutter Wyla ist in Amerika. Und Heinz hat Brodowin und sein Bürgermeisteramt offenbar so plötzlich verlassen, dass einige Dorfbewohner verärgert sind.

Heinz machte sich aus der Ferne um all das Gedanken:

Während mein Vater die Richterschule besuchte, kümmerte sich meine Mutter bei uns in Brodowin allein um Haus und Hof

13. Juli 1950

Was macht Brodowin sonst? Die Ernte muß ja bald anfangen. Sind unsere Kartoffeln gut gewachsen? Die Witterung war ja, denke ich, sehr günstig. Zum Winter muß unsere Kuh nun ein anderes Quartier bekommen. Im nächsten Jahr wird man sie ja abschaffen können.

Ich bemerkte als Kind nicht, dass meine Mutter unter der Belastung litt. Erst, als ich nach ihrem Tod die Briefe meines Vaters las, bekam ich eine Ahnung davon.

Am 19. Juni 1950 antwortete er aus Bad Schandau offenbar auf eine Klage von Ruth:

Wenn Du nur nicht so unglücklich wärst. Ich habe nach dem letzten Brief richtig ein schlechtes Gewissen. Ruth'chen, wenn es nicht das Richtige ist, werde ich noch schmeißen, ich mache etwas anderes, wo wir gleich zusammen irgendwo anders hinziehen können. Wir werden das besprechen, wenn ich Urlaub habe.

Heinz lernte und Ruth schlug sich allein mit der Arbeit und den Angelegenheiten im Dorf herum.

Im Januar 1951 hatte meine Mutter zudem ein ganz besonderes Treffen: Zum ersten Mal nach zwölf Jahren reiste ihr Sohn Hans nach Deutschland und die beiden trafen sich in Berlin. Ruth wollte ihn überreden, nach Deutschland – nun in die DDR – zurückzukehren, doch er lehnte ab und blieb in England.

Während der ständigen Abwesenheit ihres Mannes tauchten bei Ruth Zweifel an ihrer Partnerschaft auf. Heinz versuchte, sie zu beruhigen und seinen Entschluss zu rechtfertigen:

3. September 1950

Du weißt doch immer ganz genau, was wir zusammen unternehmen und daß jede freie Zeit, die mir jetzt bleibt, Deine freie Zeit ist. Du sollst wissen, daß dieses mein Bedürfnis, Wunsch und Wille ist. Außerdem komme ich immer mehr zu der Überzeugung, daß mein Entschluß, einen anderen Beruf zu erlernen, richtig war. Nur dauert das Erlernen eines neuen qualifizierten Berufes eine gewisse Zeit und ist mit großen Unbequemlichkeiten verbunden.

23. November 1950

Warum schreibst Du solchen Kohl, wie ich hätte wohl keine Lust Weihnachten nach Hause zu kommen, und ich hätte es mit Geschick verhindert, daß Du nach Schandau kommst. Oder ich hätte die Menschen schon vergessen, die auf den Feldern die Kartoffeln mit den Händen aufklauben müssen. (...) Liebste, trotz des Regens, laß Deine Gedanken nicht schlecht an mich gehen. Ich habe Dich schrecklich lieb, bin sehr stolz auf Dich und habe unvorstellbar große Sehnsucht nach Dir.

Heinz malte sich aus, wie es bei uns zu Hause sein mochte. Aus dem nächsten Brief kann man sich einen solchen Abend meiner Mutter in Brodowin gut vorstellen:

7. November 1951

Mein geliebtes Spätzchen, es schlägt gerade 20 Uhr vom Kirchturm, ich habe Lust, etwas mit Dir zu plaudern. (...) Jetzt wirst Du vermutlich gerade die Kinder im Bett haben, sie werden noch einen Bonbon lutschen und die

Ereignisse des Tages bebabeln. Du sitzt vielleicht vorne am runden Tisch, das Radio spielt, und auch Du hast vielleicht ein bißchen Sehnsucht. Vielleicht hast Du etwas Nettes zum Abendbrot, oder vielleicht ist ein Brief von mir heute gekommen, und Du liest ihn. Trotzdem die Zeit sehr schnell vergeht und ein Tag nach dem anderen nur so davonfliegt, kommt es mir schon sehr lange vor (…).

Im April 1951 zog mein Vater von Bad Schandau zur weiteren Ausbildung in die Richterschule nach Babelsberg. Das war nicht mehr so weit von Brodowin entfernt, und meine Eltern konnten sich zumindest ein wenig öfter sehen. Ich erinnere mich, dass meine Mutter in dieser Zeit oft in Berlin war, um Freunde zu besuchen und Heinz zu treffen. Sie kehrte manchmal erst spät in der Nacht nach Hause zurück, am Bahnhof Chorin stand ihr Fahrrad. Eine Haushaltshilfe betreute uns, bis wir zu Bett gingen. In einer Nacht toste ein heftiges Unwetter. Franz weinte und rief nach unserer Mutter. Ich hatte nicht solche Angst – und beruhigte meinen Bruder, indem ich ihn lauthals unterstützte. So brüllten wir die halbe Nacht nach »Mutti«, bis sie endlich kam. Sie hatte den Zug verpasst.

Meine Mutter hatte in dieser Zeit ihre eigenen Pläne, die dazu führten, dass wir öfter allein waren. Doch davon beim nächsten Mal. Ich hoffe, du bist heute nicht allein, wenn du es nicht möchtest. Ich schicke viele Grüße an dich und deine Eltern.

Deine Oma

Liebe Franzi,

von den Berufen meines Vaters hast du schon gehört. Heute geht es um die meiner Mutter. Sie spielte 1950 erstmals mit dem Gedanken, nicht mehr nur zu Hause zu sein, sondern eine Arbeit anzunehmen. Mein Vater war in der Richterschule und hilft mir heute wieder mit seinen Briefen beim Erzählen. Er äußerte sich dazu so:

13. Juli 1950

Übrigens, wieso bist Du nicht berufstätig mit 6 Morgen Land, also Landhaushalt, Abgabesoll? Ich habe mit der Landwirtschaft schließlich kaum etwas zu tun gehabt.

Doch das scheint Ruth nicht zufrieden gestellt zu haben und die Diskussion ging weiter. Heinz schrieb:

10. August 1950

Wird es Dir nicht zu viel werden? Die Kinder und die Arbeit? Ich kann gut verstehen, daß Du gerne Dein Geld alleine verdienen möchtest. Es wird Dir aber sicher nicht leicht fallen, Deine Unbeschränktheit so zu verlieren. Und auch so einseitig, Du hättest die große Last und ich? Ob man die Kinder in ein Heim geben kann? Beides wäre eine sehr große Belastung für Dich. Wenn nun das ganze verdiente Geld für den gesteigerten Aufwand draufginge, hätte die Strapaze natürlich wenig Sinn. Ich meine, man sollte es prinzipiell bejahen, dann aber die Bedingungen genau abwägen und sehen, was günstiger ist.

Offenbar gab es konkrete Pläne durch ein Arbeitsangebot in Berlin:

19. August 1950

Dein Beginn bei »Volk und Wissen« kann ja sowieso nicht von heut auf morgen gehen, da erst eine Wohnung und ein Umzug erledigt werden müssen. (…) Aber weißt Du, unser Verhältnis hängt bestimmt nicht von Deinem Schritt ab. Und was nötig ist von meiner Seite, daß Du nicht im Haushalt ertrinkst, das werde ich tun. Ein Stadthaushalt ist ja etwas anders als unser jetziger Landhaushalt.

Dieses Vorhaben scheint sich zerschlagen zu haben, was Heinz offenbar weniger bedauerte als Ruth.

9. Dezember 1950

Darüber, dass A. sein Angebot nicht ernst gemeint hat, brauchst Du Dich doch nicht zu grämen, Schnuff. Im Grunde ist es doch viel besser so. Du weißt doch, was es heute bedeutet, in so einer Arbeit eingespannt zu sein, dann wärst Du schließlich auch so ein gehetztes Tierchen. Nein, das war einmal so ein Gedanke, er kam ja von außen. Mir selbst ist es sehr sehr recht, wenn ich Dich bei mir zu Hause finde, und wir uns mit den Kindern »unser« Leben machen. D. h. so viel wie nur möglich herausholen und etwas von dem, was wir Kultur nennen, haben. Ich werde recht gut verdienen, wenn ich erst ausstudiert habe. Dann werden wir lernen, mit unserem Geld auszukommen. Und so eine Gemeinschaft ist sicher für beide besser. Wenn ich so dran denke, wie es aussieht, wenn beide abends todmüde und verärgert heimkommen, sich dann anöden, weil sie übermüdet sind, und wenn dann noch ein paar Kinder umherwimmeln, die ja auch ihr Recht haben. Ich bin nicht der Meinung, eine Frau stellt nur etwas dar, wenn sie einen pfundigen Beruf hat. Na, und stolz bin ich eh auf Dich, weil Du so eine großartige Geliebte, Kameradin und Genossin bist. Es ist mir dann schon lieber, ich kann nach meinem ersten Todesurteil, wenn mir mies ist, in Deine Arme kriechen, statt zu warten, bis meine Frau aus dem Büro kommt, um dann intellektuell mit mir über den Fall zu »diskutieren«.

Ruth sah das anders. Sie fing 1951 als Sekretärin im Brodowiner Gemeindebüro an. Heinz kommentierte:

2. November 1951

Ich freue mich ja und es imponiert mir, daß Du nun (...) in eine Art Berufsleben hineingekommen bist. Und zwar ganz aus eigener Kraft und gestützt auf das Ansehen, das Du genießt. Nicht einmal die Partei im Rücken, wie das ja bei mir immer der Fall ist.

So ganz glücklich war er mit dem Gedanken an seine berufstätige Frau nicht. Er sorgte sich um mich und besonders um Franz, der noch immer nicht ganz gesund war:

23. April 1951

Schnuppel, ob es nicht besser wäre, Du würdest daheim sein und unsere Bande mehr in der Obhut haben? Wir wollen unbedingt in diesem Jahr unseren Jungen noch dem Arzt vorstellen, ich bin manchmal sehr unruhig, ob wir nicht die Zeit verpassen.

Meine Mutter ließ sich jedoch nicht beirren und blieb in ihrem Beruf in Brodowin. Weißt du noch, Franzi, wie wir dort Leute trafen, die von Oma Ruth schwärm-

Eine berufstätige Frau: Meine Mutter Ruth Gützlaff

ten? Sie muss ihre Arbeit wohl gut gemacht haben. In ihrem Zeugnis wurden ihre Geschicklichkeit und ihr großer Arbeitseifer gelobt, mit dem sie sich »die Zuneigung (...) der Bevölkerung erwarb«.

Ihre Stelle bei der Gemeinde behielt sie, bis Heinz die Richterschule beendet hatte und wir gemeinsam nach Berlin zogen. Dort war Ruth zunächst zu Hause, arbeitete gemeinnützig und leistete Aufbaustunden beim Nationalen Aufbauwerk der DDR und ab 1959 für einige Jahre als Sachbearbeiterin im Groscurth-Ausschuss, der Kommunisten aus Westberlin beriet und unterstützte.

So weit war es allerdings noch lange nicht. Zunächst stand für unsere Familie ein Umzug an. Und der war für mich eine große Sache. Dazu bald mehr.

Oma

Liebe Franzi,

ich habe gerade einen Kuchen im Ofen. Wir bekommen heute Besuch, und da freue ich mich, Grund für Süßes zu haben. Opa kann ich mit solch leckeren Sachen nicht begeistern, da nutze ich eben jede andere Gelegenheit, um sie zuzubereiten. Gerade passierte mir dabei allerdings ein Missgeschick: Ein Ei platschte auf den Boden. Eine schöne Schweinerei! Heute hatte die etwas Gutes: Sie erinnerte mich an eine Geschichte ...

Mein Vater hatte die Richterschule erfolgreich abgeschlossen und erhielt eine Stelle als Staatsanwalt (später als Kaderreferent) beim Generalstaatsanwalt von Berlin. Wir sollten fort aus Brodowin!

Am 1. April 1953 zogen wir um. Einen Tag zuvor war

der Möbelwagen aus Brodowin abgefahren. Meine Mutter, Oma, Franz und ich nahmen den Zug und erreichten nachmittags den S-Bahnhof Greifswalder Straße. Berlin empfing uns mit tristem Wetter.

War ich aufgeregt! Diese große Stadt! Ich trug meine Schulmappe auf dem Rücken, vollgepackt mit frischen Eiern. Die Treppe am S-Bahnhof wurde mir zum Verhängnis: Ich übersah eine Stufe und flog mit meinem Gepäck auf den Boden. Die Schalen knirschten. Erschrocken saß ich neben meinem tropfenden Ranzen und kämpfte mit den Tränen.

Ich rappelte mich wieder auf. Doch die zweite Ernüchterung ließ nicht lange auf sich warten. Meine Mutter hatte mir noch in Brodowin unser neues Zuhause mit den schönsten Worten beschrieben. Nun bogen wir in die Straße ein, in der wir ab sofort wohnen sollten: Pieskower Weg. Rechts sah ich einen Wohnblock, an dessen Ende unsere Hausnummer 14. Mein Blick wanderte nach links: nur Ruinen. Die asphaltierte Straße war menschenleer, in der Mitte eine mit Kreide gemalte »Hopse«.

Das wollten unsere Eltern uns antun? Brodowin gegen diese Straße? Ich war unsagbar enttäuscht.

Das Innere der Wohnung entsprach auch nicht dem Bild, das ich mir in meiner Phantasie ausgemalt hatte. Und gleich traf mich der nächste Schock: eine Toilette mit Druckspülung. Ich »musste« dringend, sperrte die Tür zu und verrichtete mein »Geschäft«. Danach betätigte ich den Knopf. Doch mit einem solchen Getöse hatte ich nicht gerechnet, erschrocken bis ins Mark schrie ich los. Mein Vater bekam es mit der Angst zu tun, riss die Tür auf – was durch den Haken nicht so leicht war – und fand diese Bagatelle vor: seine kleine Tochter, die sich vor einer Toilettenspülung fürchtete.

Hast du Veränderungen gern, Franzi? Für mich als Kind waren sie zum Heulen. Und das hier war eine ziemlich große. Vierzehn Tage traute ich mich nicht auf die Straße. Die spielenden Kinder draußen beobachtete ich vom Fenster aus, gut versteckt hinter der Gardine. Nur langsam taute ich auf. Und schließlich fuhr ich mutig zum ersten Mal mit der S-Bahn einmal um den Ring. Auf dem asphaltierten Pieskower Weg probierte ich stundenlang meine Rollschuhe aus, ein Geschenk von Onkel Rolf. Ich fand Freunde, stromerte mit ihnen umher und spielte in der gegenüberliegenden Ruine, wo wir auf unseren Schultaschen von den Schrägen rutschten.

Apropos Schule. Anfang April 1953 hatte mich meine Mutter in meine neue Klasse gebracht, die 3b der 30. Grundschule. Und das mir! Die ich ja bei Veränderungen regelmäßig heulte. Ich hörte gar nicht wieder auf, als ich da vorn stand. Und als mich die Lehrerin mit »Das ist die Kathrin« den Kindern vorstellte, traute ich mich nicht, etwas dagegen zu sagen. Kathrin. Dieser Name klang so fremd für mich. Doch sollte ich in dem Moment »Katinka« erwähnen? Die anderen würden mich bestimmt dafür auslachen, dachte ich. Das hätte ich in dieser Situation nicht verkraftet. So war ich von diesem Tag an zu Hause »Katinka« und in meiner neuen Berliner Welt »Kathrin«.

Im Unterricht hatte ich zunächst mächtig zu kämpfen. Die Lehrpläne unterschieden sich damals zwischen Stadt und Dorf deutlich. Außerdem war ich erst fast zum Ende des Schuljahres in meine neue Klasse gekommen. Mein erstes Diktat war eine Katastrophe,

Kathrin 1958 in Berlin mit ihren Freundinnen »Pummelchen« und Dagmar (v. l.)

gespickt mit Worten, die ich noch nie gehört hatte. Also gab es schlechte Noten. Aber man hatte Mitleid mit mir und »hievte« mich in die vierte Klasse, so dass ich im nächsten Jahr aufholen konnte.

Eine besonders gute Schülerin wurde ich nicht, mir fehlte der Ehrgeiz. Mein Lieblingsfach war Sport und ich entdeckte das Geräteturnen für mich. Zweimal in der Woche trainierte ich in einer Sportgemeinschaft.

Doch so sportlich ich war, so unmusikalisch war ich. Im Musikunterricht traf mich das hart. Wir mussten vortreten und vor der Klasse ein Lied singen. Ich heulte regelmäßig dabei und die Situation wurde dadurch noch peinlicher. Und insgeheim schimpfte ich mich selbst eine »alte Flennsuse«. Kennst du solche Gedanken, Franzi?

Der Rest der Schulfächer verlief weniger spektakulär. Ich tat nur das, was nötig war – und lebte mich langsam ein. Bald legte sich auch meine anfängliche Scheu vor den anderen Kindern. Die Schulkameraden waren nett und ich hatte eine enge Freundin, die wir »Pummelchen« nannten. Unsere Wohnung war letztlich sehr schön. Vier Zimmer, ein Bad, eine Küche, ein Flur, ein Wintergarten. Als wir einzogen, wurde gerade eine Zentralheizung eingebaut. Und da mein Vater beim Obersten Gericht arbeitete, bekamen wir bald ein Telefon. Es dauerte allerdings lange, bis ich mich traute, den Hörer abzunehmen, wenn es klingelte, geschweige denn selbst zu telefonieren. Bis heute bin ich ein Telefonmuffel.

Großmutter Wyla kannte Berlin aus früheren Zeiten. Doch sie ging nun nicht mehr auf die Straße. Sie litt an Osteoporose und hatte ständig Schmerzen. Onkel Rolf schickte kiloweise *Aspirin.*

Wie in Brodowin war das Zusammenleben mit unserer Großmutter in Berlin mit Spannungen verbunden, besonders zwischen Heinz und ihr. Ich mochte meine Oma, sie war jedoch 69 Jahre älter als ich – und wir lebten in verschiedenen Welten.

Oma Wyla hörte schwer. Das nutzte ich aus, wenn ich aus der Schule kam und sie sich mit mir unterhalten wollte. Draußen warteten aber meine Freundinnen! Also legte ich nur vorsichtig meinen Ranzen ab und schlich ich mich leise wieder aus der Tür. Wenn sie rief: »Ist da jemand?«, antwortete ich nicht, und Oma dachte, sie habe sich geirrt …

Als sie richtig alt war, half ich ihr jedoch oft. Ich hatte bereits ein paar allgemeine Pflichten im Familienhaushalt, war für Badputzen und Schustergänge

Familie Gützlaff in Berlin, hier beim ersten Besuch meines Bruders Hans und seiner Frau Beryl im Pieskower Weg: Wyla, Beryl, Katinka, mein kleiner Neffe Jonathan, Heinz und Franz (v. l.), 1956

zuständig oder polierte den Fußboden mit Bohnerwachs. Wenn es nun für meine Oma um den Besuch der Toilette oder das Schneiden der Fußnägel ging, zierte ich mich nicht groß. Ich staubte regelmäßig ihre schönen alten Möbel ab, an denen Wyla so hing. Außerdem schwärmte sie für den Radfahrer Täve Schur. Die internationale Friedensfahrt, die er mehrfach gewann, war für sie jedes Mal ein aufregendes Ereignis. Jeden Tag las sie die *BZ am Abend.* Und Wyla kochte und backte weiterhin so wunderbar für uns.

... oh, und wenn ich ihr heute keine Schande machen möchte, sollte ich jetzt mal ganz schnell nach meinem Kuchen sehen!

Liebe Grüße
Oma

Eine andere Welt: Großmutter Wyla in Berlin, 1958

Liebe Franzi,

es ist Samstagnachmittag, ich habe gerade das Mittagessen abgeräumt und die Küche fertig, sitze auf dem Sofa und sehe in den Garten. Opa ist draußen in seinem Atelier und malt. Es ist friedlich hier, und ich dachte eben daran, was meine Mutter wohl zu diesem Tag gesagt hätte: »Jetzt machen wir uns einen schönen *Schabbes*«, abgeleitet vom jüdischen Sabbat. Das ist der traditionelle jüdische Feiertag am siebten Tag der Woche. Die Vorbereitungen beginnen bereits am Freitag, die Arbeit ist untersagt und es gibt feste Rituale. Ruth verwendete dieses Wort gern, wenn wir unser »Wochenwerk« getan hatten. Mit *Schabbes* meinte sie dann: lesen, schlafen, ruhen, denken, faulenzen – alles, ohne eine genaue Zeit einzuhalten.

Einige Worte, die meine Mutter in ihrer Kindheit mit dem jüdischen Vater und in ihrer Ehe mit Walter Lichtenstein im Alltag benutzte, sind ihr bis ans Lebensende geblieben. Kam ihr eine Sache nicht geheuer vor, sprach sie von nicht *koscher*. Passte ihr etwas nicht in den Kram, redete sie schon mal *Tacheles*. »Das machst du aus *Daffke* nicht«, hieß es, wenn ich etwas nicht erledigt hatte. Als bei Franz der Bart spross und er sich manchmal ein bisschen schlampig rasierte, kommentierte sie seine längeren Koteletten: »Du könntest dir mal deine *Pejes* abschneiden.« Sprach man von der Familie, war es die *Mischpoche*. Worte wie *meschugge*, *Schlamassel* oder *Chuzpe* gehörten ganz normal zu unserem Leben. Kennst du sie auch? Sie sind ja inzwischen in den allgemeinen Sprachgebrauch übergegangen.

Du erinnerst dich bestimmt an meine Miniaturbücher, von denen ich dir in einem früheren Brief

Meine Jugendweihe 1958. Ich bin die Zweite von rechts

erzählte. So wie in meinem Setzkasten das hebräische Gebetbuch neben den Briefen von Rosa Luxemburg und der Verfassung der DDR steht, so beeinflussten meinen Bruder Franz und mich der jüdische und der kommunistische Hintergrund unserer Eltern.

Die Politik spielte für beide eine große Rolle. In unserem Alltagsleben spürte ich das insofern, als meine Eltern oft zu Parteiversammlungen der SED gingen. Regelmäßig musste ich die Einladungen dazu den verschiedenen Mitgliedern der Parteigruppe in die Briefkästen werfen.

Ich interessierte mich nicht so sehr für Politik. Natürlich waren Franz und ich in der FDJ, dem sozialistischen Jugendverband »Freie Deutsche Jugend«. Eher routinemäßig als aus Überzeugung. Ich nahm an der Jugendweihe teil, in die SED trat ich jedoch nie ein.

1958 war ich gerade so alt wie du jetzt. Ich beendete die 8. Klasse. Mein Zeugnis war nicht so besonders, ich wäre damit gern zur Mittelschule gegangen und nach der 10. Klasse fertig gewesen. Doch meine Mutter sah das anders. Sie zog alle Register, und es klappte: Ich kam auf die Oberschule. Heute bin ich ihr dafür dankbar.

Die fünfziger Jahre waren eine schwierige Zeit in Deutschland. Oft besuchten Freunde meine Eltern und diskutierten über politische Themen. An solchen Abenden durfte ich Musikplatten auflegen und lernte die Lieder von Bertolt Brecht und Kurt Weill, gesungen von Lotte Lenya, »Herrn Puntila und seinen Knecht Matti«, klassische Musik und anderes kennen. Eine Lieblingsplatte meines Vaters war ein Doppelalbum von Harry Belafonte. Ich habe es noch und halte es in Ehren. Diese Platte brachte uns mein Onkel Rolf aus Amerika mit.

Wie Rolf lebten ja viele jüdische Verwandte meiner Mutter nach ihrer Emigration im westlichen Ausland, und auch Ester und Hans kamen uns regelmäßig mit ihren Familien besuchen. Diese Treffen waren für meine Mutter jährliche Höhepunkte. Tage vorher schlief sie schlecht. Jeder von uns musste etwas besorgen, um die Gäste so gut wie möglich zu bewirten.

Für meinen Vater waren diese Treffen in anderer Hinsicht eine Belastungsprobe: Er arbeitete beim Obersten Gericht von Berlin, und in so staatsnahen Institutionen der DDR war »Westkontakt« unerwünscht. Ich weiß nicht, wie meine Eltern dies regelten. Unsere Besucher wohnten meist in Westberlin, und wir trafen uns bis 1961 in beiden Stadtteilen. Allerdings fuhren Franz, Ruth und ich dann ohne unseren Vater nach Westberlin.

Wir fuhren auch regelmäßig zu Anneliese Kölbel, einer Schwester von Wyla, die mit ihrem Mann Karl in Berlin-Tempelhof lebte. Meine Mutter hatte Kontakt zu Edith Hirschfeld, der Frau von Dr. Kurt Hirschfeld, der sich einst für den Vater von Franz ausgegeben hatte. Nach dem Krieg waren Hirschfelds in die USA emigriert, doch nach dem Tod ihres Mannes kehrte Edith allein nach Berlin zurück.

Heinz mied Westberlin. Er fuhr nie hindurch, sondern um Berlin herum, wenn er beispielsweise nach Potsdam wollte.

Wir durften offiziell keine Westsender hören. Das mussten wir in der Schule sogar unterschreiben – doch wir taten es trotzdem. Als ich ein junges Mädchen war, hörten wir gern die wöchentliche Sendung »Schlager der Woche« auf dem RIAS (Rundfunk im amerikanischen Sektor). Nur wie sollten wir uns nachher darüber austauschen? Wir erfanden Abkürzungen wie »Hast du gestern SchdW« gehört?« – gesprochen als einzelne Buchstaben: s c h d w. Kennst du auch solche Geheimsprachen, Franzi?

Es war verboten, nach Westberlin ins Kino zu fahren. Heimlich tat ich es trotzdem, mit der Ausrede, ich sei bei einer Freundin. In den Kinos am Gesundbrunnen konnte man mit Ostmark eins zu eins bezahlen. Unsere Klassenlehrerin agitierte uns diesbezüglich ... bis wir sie eines Abends in Westberlin trafen. Damit war diese Diskussion beendet. Ziemlich verlogene Zeiten waren das!

Und bewegte. Am 13. August 1961 war mein Bruder Hans aus England zu Besuch. Wir saßen gerade beim Frühstück, als es im Radio hieß: »Berlin wird dichtgemacht!«

Die DDR hatte begonnen, die beiden Teile Berlins nun für jeden sichtbar und unüberwindbar durch eine Mauer zu trennen. Wir waren schockiert. Am Vorabend waren wir noch – unerlaubt natürlich – im Kino in Westberlin gewesen. Weder dort noch auf der Heimfahrt in der S-Bahn hatten wir etwas bemerkt.

Hans telefonierte mit seiner Frau Beryl in Wales: »Ich weiß nicht, was hier geschieht. Ich hab Angst, ich komme nicht mehr nach Hause!«

Ich ging mit Hans zu Fuß zum Brandenburger Tor in der Hoffnung, Informationen zu erhalten. Dort herrschte geschäftiges Treiben, Stacheldraht wurde ausgerollt. Plötzlich hielten uns Soldaten an: »Ihre Papiere!«

Und das mir. Wie so oft hatte ich meinen Ausweis vergessen. Ich stotterte erschrocken, doch es passierte nichts und die Soldaten ließen mich laufen, zurück in die DDR. Wir telefonierten herum, bis wir über Freunde erfuhren, dass Hans keine Befürchtungen haben musste. Die Ausreise war gestattet und wenige Tage später verließ er uns.

Die Mauer stand. Anfangs sahen wir sie fast als eine Notwendigkeit an. Zuvor waren viele wertvolle Güter von Ost nach West geschmuggelt worden, was bei offener Grenze leicht fiel. Mit dem Westgeld als Gegenwert ließ es sich gut leben. Das machte sich besonders in Berlin bemerkbar, wo viele Menschen aus dem Osten im Westen arbeiteten. Sie tauschten ihren Lohn zu einem günstigen Kurs um, und kauften jeweils die Waren dort, wo sie am billigsten waren. Wie sollte die DDR da wirtschaftlich auf die Beine kommen?

Doch natürlich kann man deshalb ein Volk nicht einsperren und es dazu zwingen, nach einem vorgegebenen Muster zu leben. Was denkst du darüber, Franzi? Vielleicht können wir uns mal darüber austauschen. An einem schönen *Schabbes* zum Beispiel?

Für heute lehne ich mich in diesen zurück und denke an dich.

Deine Oma

Liebe Franzi,

ich habe mich heute allein mit einem Buch eingegraben, dazu leise Musik, weiter nichts. Ich mag solche Tage. Die Stimmung erinnert mich an die Weihnachtsfeste in meiner Familie, als ich noch ein Kind war.

Es gehörte bei uns zu Weihnachten dazu, dass Bücher geschenkt wurden. Nach dem Kaffeetrinken und der Bescherung zog sich jeder in eine Ecke zurück und las, im Hintergrund spielte klassische Musik. Ich bekam zu Weihnachten oft »Die Zaubertruhe« geschenkt, einen Almanach für junge Mädchen, immer eine neue Folge. Ich habe noch eine von 1959, du kannst sie gern lesen. In diesem Buch findest du kleine Geschichten, beispielsweise von Lilo Hardel oder Erwin Strittmatter, und Gedichte von Theodor Fontane oder Bertolt Brecht. Ebenso Tipps zur Mode, zur Berufswahl, Berichte über Schauspieler, Reisenotizen, Kochrezepte und Ähnliches. Entsprechend der Zeit hatten diese Bücher generell einen agitatorischen Charakter, der die Erziehung im sozialistischen Sinne fördern sollte. Doch manche Tugend, die angemahnt wurde, ist zeitlos und hat sich mir eingeprägt.

Die Bücher wurden herausgegeben von Ilse Ploog. Sie war Schriftstellerin, Lektorin und Redakteurin –

und stell dir vor, sie ist mir in meinem Leben selbst begegnet. Für uns war sie »Tante Ilse«. Sie zählte zu den Freundinnen meiner Eltern. 1942 hatte sie auf Franz aufgepasst, während Ruth mit Wyla in dem Prozess vor Gericht stand.

In meiner Kindheit hatte ich davon jedoch keine Ahnung. Tante Ilse arbeitete zu dieser Zeit im *Kinderbuchverlag* in Berlin. Ihre Regale voller Kinderbücher waren für uns ein Traum.

Einmal jedoch hatten wir ihretwegen großen Ärger. 1956 besuchte uns Onkel Rolf mit seinen Kindern Rolf jun. und Anna-Luise. Rolf kannte Ilse noch aus seiner Berliner Zeit, und so gab es immer ein Treffen der beiden, wenn er nach Deutschland kam.

So wurde eines Abends Ilse bei uns erwartet. Wir vier Kinder waren recht albern, zumal wir uns kaum anders zu verständigen wussten. Rolf jun. und Anna-Luise sprachen kein Deutsch, Franz und ich kein Englisch. Rolf jun. war ein frecher amerikanischer Junge. Bevor Tante Ilse eintraf, wurden er und Anna-Luise ermahnt: »Ilse hat ein Hüftleiden, das man ihr beim Laufen ansieht. Sie hinkt ein wenig. Bitte lacht nicht darüber. Das verlangt der Anstand.«

Franz und ich waren es gewöhnt, Rolf jun. und Anna-Luise nickten. Und was glaubst du, was passierte?

Ilse trat zur Tür herein, klein, rundlich und hinkend – und Rolf jun. prustete los. Du weißt ja, Franzi: Lachen ist ansteckend, besonders für Kinder. Wir konnten uns nicht mehr halten. Es war sehr peinlich. Und am Ende des Abends mussten wir uns einiges anhören.

1999 las ich ein Buch, in dem mir Ilse Ploog wieder begegnete. Aus dieser zufälligen Lektüre entstand eine

Begegnung mit einer Frau, die du gut kennst. Das jedoch ist eine Geschichte für später. Erinnere mich nur daran, falls ich sie vergesse.

Bis bald, Franzi.

Deine Oma

Liebe Franzi,

ich komme eben von einem langen Spaziergang. Manchmal habe ich gern Zeit nur für mich. Das Alleinsein ist etwas, das auch mein Vater schätzte. Er teilte es manchmal nur mit ausgewählten Personen wie meiner Mutter. So schrieb er 1943 vom Militär an Ruth:

31. Januar 1943

Ich habe mich sehr gefreut, daß Du so viel Spaß an dem Konzert hattest. Auch, daß Du allein gegangen bist und nicht so schrecklich abhängig von Gesellschaft bist. Man ist in seiner eigenen Gesellschaft oftmals am besten so einem Erlebnis gegenübergestellt, viel besser als mit x-beliebigen Leuten, die so was wie Freunde sind. Ich halt mich hier ja auch viel für mich allein. Teils aus Neigung und Bedürfnis, teils aus Mangel einen mir genehmen Gedankenaustausch mit jemand zu haben, der zu mir paßt.

Auf der Richterschule in Bad Schandau ging es ihm ähnlich:

19. Juni 1950

So wie wir es gewöhnt sind, die Natur und eine Gegend auf uns wirken zu lassen, so etwas ist eben wohl doch ziemlich selten. Ich habe jedenfalls noch keine nur annähernd verwandte Seele gefunden, meine abendlichen Spaziergänge mache ich fast immer alleine. Wenn man den ganzen Tag mit 100 Menschen zusammen ist, langt es mir. Ich fühle mich dann mit meinen Gedanken allein recht wohl.

Meine Eltern liebten Bücher. Heinz trieb eine große Sehnsucht nach Wissen, nach Belletristik und politischer Literatur. Nach seinen Arbeitstagen bei Gericht war mein Vater oft müde, hatte Kopfschmerzen und zog sich mit einem Buch zurück. Er las viel, obwohl er extrem kurzsichtig war. In seinen Briefen tauschte er sich während seiner langen Abwesenheiten mit Ruth über die Lektüre aus. Balzac, Hesse, Brecht und Ringelnatz …

13. Juli 1950

(…) nebenbei lese ich jetzt noch den Oparin »Die Entstehung des Lebens auf der Erde«. Der Gen. sagte etwas, was mir aus der Seele gesprochen war. Wer nicht laufend und ununterbrochen Zwiesprache mit den großen Geistern hält, wer nicht die Entwicklung dieser gewaltigen Zeit in der großen Kunst miterlebt, stirbt ab. Lebt nicht voll. Du kannst Dir denken, wie das eingeschlagen hat. Hier sind nämlich eine große Menge engstirniger Parteistrategen (…)

Ja, Franzi, du hast es schon in einem meiner früheren Briefe gehört: Mein Vater konnte mit Menschen, die seine Einstellung nicht teilten, streng sein. Ich erzählte dir von seiner Ungeduld. Er erkannte sie wohl selbst, wie er schon 1942 an meine Mutter schrieb, als er sich beim Militärdienst langweilte:

19. September 1942

Es ist vielleicht ganz gut, wenn man seine Ungeduld zügeln muß und abwartend die Stunden genügend »lobt« und etwas von seiner Nervosität verliert. Denn das fällt mir mit am schwersten. Die Ruhe entwickeln, die hier sehr notwendig ist. Vielleicht lerne ich es noch, kann nichts schaden.

Du weißt ja selbst, Franzi, wie schwer es sein kann, wenn einem die Dinge einfach zu lange dauern. Kannst du dich erinnern, wie dich als Vierjährige die Windpocken plagten? Entrüstet hast du über den Arztbesuch berichtet, dass du »sehr lange« warten musstest – nämlich: »Vier Minuten!«

Mit mir dauerte es dir auch manchmal etwas zu lange, nicht? Wenn wir spielten und ich nicht gleich die Regeln verstand, erklärtest du sie mir ein zweites Mal und meintest abschließend: »Oma, ist das jetzt klar?!«

Ja, es ist eben nicht so leicht mit der Geduld. Und das ging meinem Vater ebenso. Ich erinnere mich an einen Tag mit ihm in Berlin: Mein Vater und ich gingen zum Treptower Park und mieteten uns ein Boot. Ich musste lenken und er ruderte. Ich verwechselte meist rechts und links und wir fuhren immer in die Richtung, die er nicht wollte. Heinz wurde ungeduldig und ich fing an zu heulen, da er mich ständig maßregelte. Dieser Ausflug dauerte nicht lange.

In seinem Beruf tauchten wieder beide Seiten seines Temperaments auf. Die Staatsanwaltschaft Berlin schrieb in einer Beurteilung vom 15. Juni 1959:

Der Genosse Gützlaff ist seit 1952 Staatsanwalt und seit 1954 ununterbrochen Kaderleiter bei der Berliner Staatsanwaltschaft. (...) Seit Jahren ist er Mitglied der

Parteileitung, ist dort sehr aktiv und nimmt Anteil an der gesamten politischen Arbeit der Staatsanwaltschaft. Er ist gegen jede Art von Formalismus, tritt aber solchen Dingen mitunter viel zu scharf entgegen, so daß diese Kritik dann nicht immer fördernd ist. Bei allen Auseinandersetzungen vertritt er seine Meinung und scheut sich nicht, ein offenes Wort zu sprechen. Soweit er dabei zu weit geht, ist er Kritik immer zugänglich und bemüht, solche Schwächen zu überwinden. Soweit er aber in einen solchen Fehler verfällt, ist seine Kritik immer von dem Bemühen getragen, unsere Entwicklung zu fördern und von absoluter Ehrlichkeit gegenüber der Partei.

(...) Er ist lebensgewandt und lebenserfahren und versteht, auf die Menschen einzugehen. Dabei ist er keineswegs versöhnlerisch, sondern er führt auch offene und kritische Auseinandersetzungen. Dabei bedient er sich oft einer sehr anschaulichen Sprache, die in den meisten Fällen wirksam ist. Diese Stärke ist aber auch seine Schwäche, weil er dabei auch mitunter übers Ziel hinausschießt und zu aggressiv wird. Mitunter ist er auch zu großzügig. Solche Fehler reguliert er aber selbst sehr schnell, und es spricht für ihn, daß er trotz seiner jahrelangen Kaderleiter-Tätigkeit und der damit verbundenen oft harten Auseinandersetzungen einen ausgesprochen guten und engen Kontakt zu allen Mitarbeitern hat.

Es sollte jedoch nicht mehr lange dauern und mein eigenwilliger Vater musste seine Arbeit aufgeben. Davon will ich dir beim nächsten Mal erzählen. Bis dahin, sei herzlich gegrüßt von deiner

Oma

Liebe Franzi,

ich krame mal wieder in den Dokumenten unserer Familie und vor mir liegt ein Zettel mit der Schrift meines Vaters. »Ein weiterer Brief«, wirst du denken, »davon kenne ich jetzt schon viele. Ob er noch einmal verreist war?« Nein, Franzi, mit diesem Blatt Papier ist es ein wenig anders. Als Heinz diese Mitteilung schrieb, standen die Menschen, mit denen er reden wollte, direkt neben ihm. »Warum denn das?«, fragst du dich vielleicht. »Warum hat er nicht einfach mit euch gesprochen?«

Weil er es nicht mehr konnte.

Im Jahr 1959 war mein Vater häufig krank, was auf ein geschwächtes Immunsystem deutete. Er ließ sich untersuchen – und es wurden Rezidive des Zungenkrebses im Unterkiefer festgestellt. Also ein Rückfall. Seine Krankheit war wieder da. Es folgten mehrere Operationen.

Im Sommer 1960 fuhr ich mit ihm noch einmal für vierzehn Tage nach Brodowin. Wir gingen spazieren, aber so richtig unterhalten habe ich mich nicht mit ihm. Oft verschwand ich, um mich mit einer Freundin zu treffen, was ich heute sehr bedauere.

Die Metastasen des Zungenkrebsrezidivs breiteten sich weiter in Richtung Speiseröhre aus. Das Schlucken wurde für meinen Vater beschwerlicher und irgendwann war es soweit, dass nichts mehr zum Magen durchkam. Er musste ins Krankenhaus, um über eine Sonde ernährt zu werden. Bald konnte er nicht mehr sprechen und musste sich schriftlich mitteilen.

Wir wechselten uns mit den Besuchen im Krankenhaus ab. Die Situation belastete mich sehr. Mein Vater tat mir so leid. Er selbst jammerte nie und weinte nur, wenn meine Mutter da war.

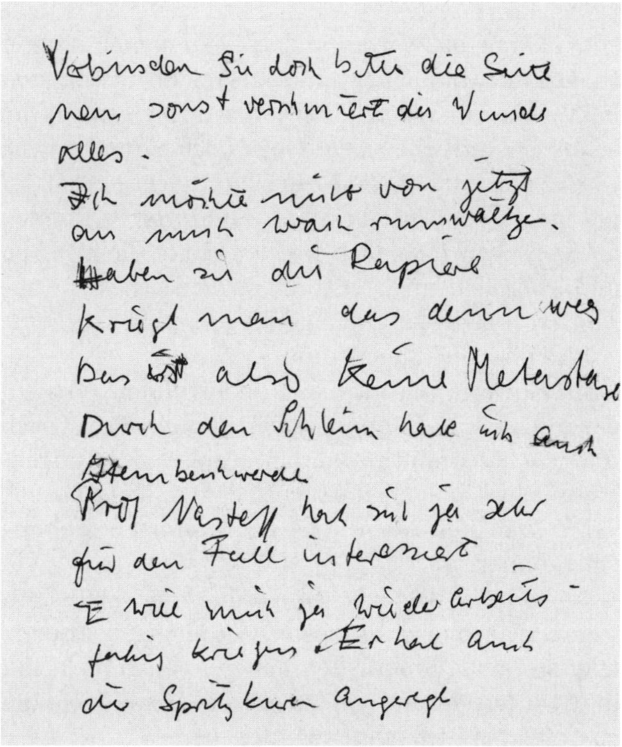
Verbinden Sie doch bitte die Seite
nen sonst verschmiert die Wunde
alles.
Ich möchte nicht von jetzt
an mich wach umwälzen.
Haben Sie die Papiere
kriegt man das denn weg
Das ist also keine Metastase
Durch den Schleim habe ich auch
Atembeschwerden
Prof Nastev hat sich ja sehr
für den Fall interessiert
Er will mich ja wieder arbeits-
fähig kriegen. Er hat auch
die Spritzkuren angeregt

»Kriegt man das denn weg?« – Eine der letzten Mitteilungen meines Vaters vom 20. Mai 1961 offenbar an den diensthabenden Arzt …

»Kriegt man das denn weg?«, fragte er am 20. Mai 1961 offenbar den diensthabenden Arzt auf dem Zettel, den du hier siehst:

Prof. Nastev hat sich ja sehr für den Fall interessiert. Er will mich ja wieder arbeitsfähig kriegen. Er hat auch die Spritzkuren angeregt.

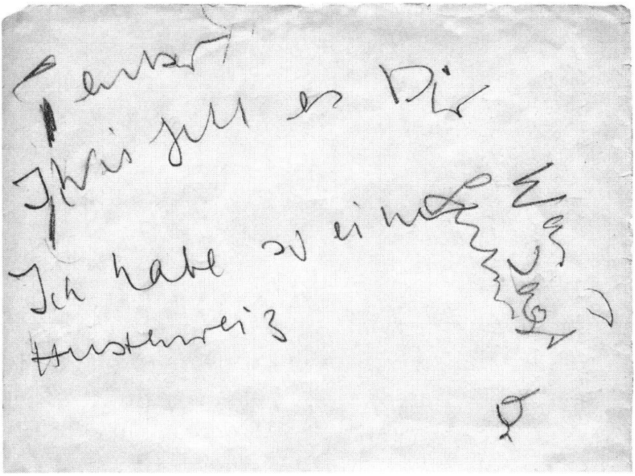
Wie geht es Dir
Ich habe so einen
Hustenreiz

… und eines der letzten »Gespräche« mit Ruth: »Wie geht es dir?«, 19. Mai 1961

Er kam nicht mehr dazu. Am 25. Mai 1961 starb mein Vater.

Als wir die Nachricht erhielten, verfiel meine Großmutter Wyla in lautes Wehklagen: »Es ist nicht richtig! Ich wäre erst dran gewesen …«

Mein Vater hatte aufgeschrieben, wie seine Beerdigung ablaufen soll: nur mit den engsten Freunden, keine Rede, als Musik die »Appassionata« von Beethoven, auf dem Sarg die rote Fahne. Und so war es dann auch auf dem Friedhof Baumschulenweg. Für mich war es die erste Beerdigung. Es war beklemmend. Ich konnte nicht fassen, dass mein Vater dort in dem Sarg lag, der nach der Trauerzeremonie dem Feuer übergeben wurde. Ich war tief erschüttert.

Heinz Gützlaff starb 34 Jahre vor deiner Geburt,

Franzi. Er wurde 55 Jahre alt. Ich war sechzehn, als mein Vater uns verließ. Dieses Mal endgültig.

Für heute aber lassen wir es bei diesem Abschied. Bis bald,

Oma

Liebe Franzi,

wie geht es dir? Was hast du heute für Pläne mit deinem Tag? Triffst du vielleicht eine Freundin?

Während meiner Oberschulzeit war ich mit Sibylle befreundet. In unsere Klasse gingen sechs Mädchen und zwanzig Jungen. Bei den Mädchen bildeten sich drei stabile »Paare«. Sibylle und ich waren eins davon.

Beim letzten Mal erzählte ich dir, wie mein Vater starb. Ich war damals in der elften Klasse der Oberschule. Kennst du es, wenn im Leben schlimme oder aufregende Dinge passieren, die einem im Kopf herumschwirren? Es fällt dann schwer, ans Lernen zu denken.

Als mein Vater krank war, half ich ihm viel. Ich wechselte seine Verbände, brachte ihm Brühe und fütterte ihn zum Teil. Bald verbrachten wir viel Zeit im Krankenhaus. Meine Mutter trug natürlich die größte Last. Doch für mich fielen entsprechend mehr Arbeiten im Haushalt an. Dazu kam der psychische Druck.

Und wenn ich ehrlich bin, hatte ich auf Schule schlicht keine Lust. Ich lavierte mich irgendwie durch. Mathematik und Physik fielen mir schwer, meine Leistungen waren sehr schlecht. Zu Hause versuchte ich, meine Schulprobleme zu vertuschen. Meine Eltern konnten mir ohnehin nicht helfen. 1961 wäre ich fast

Unzertrennliche Freundinnen: Kathrin und Sibylle (in der ersten Reihe ganz rechts) zusammen mit ihrer Schulklasse 9 b, 1961

sitzen geblieben. Doch in den Sommerferien durfte ich im Förderunterricht in Mathe aufholen und wurde mit Sibylle gemeinsam in die zwölfte Klasse versetzt. Ich hatte Glück. Die Lehrer mochten mich.

Und in der zwölften Klasse angekommen probierte ich mal was aus.

Hast du schon einmal die Schule geschwänzt, Franzi? Na, du musst es mir gar nicht verraten. Ich habe es einmal getan. Sonst hätte ich etwas verpasst im Leben, dachte ich. Morgens ging ich mit der Schultasche los, schlug aber nicht den Weg zur Schule ein, sondern bummelte in der Stadt herum. Ich ließ mir Zeit.

Inzwischen vermisste mich Sibylle. Besorgt fragte sie bei mir zu Hause nach: »Was ist denn heute mit der Kathrin? Ist sie krank?«

»Du hast sie wohl nur nicht gesehen«, entgegnete

meine ahnungslose Mutter. »Wahrscheinlich ist sie zum Mittagessen in der Schule.«

»Zum Mittagessen geht Kathrin doch schon seit Jahren nicht mehr!«, platzte Sibylle heraus.

Ich ließ mir zu Hause zwar das Geld für die Schulspeisung geben, nahm es jedoch lieber für andere Dinge, die mir interessanter erschienen. Nun hatte mich meine beste Freundin versehentlich gleich zweimal »verraten«. Die Reaktion meiner Mutter kannst du dir denken. So richtig hatte es sich nicht für mich gelohnt, die Schule zu schwänzen.

Später kam mir manchmal der Gedanke, ich hätte in der Schule besser sein können, wenn ich mich mehr angestrengt hätte. Aber in solchen Momenten nicke ich heute der »Frau im Spiegel« zu und denke: »Ich hab meinen Weg gemacht. Was meckerste?«

Ich wünsche dir einen schönen Weg, Franzi.

Deine Oma

Liebe Franzi,

ich soll dich herzlich von deinem Opa grüßen. Er freut sich schon sehr auf deinen nächsten Besuch. In deinem Leben war er natürlich schon immer da, er ist ja dein Opa, mein Mann Horst Reiher. Für mich gab es einen Tag, an dem er ganz neu dazukam.

Es war am 11. Dezember 1964. Ich hatte inzwischen längst die Schule abgeschlossen und war gerade mit einer Ausbildung zur Landwirtschaftlich-technischen Assistentin fertig geworden. Nun arbeitete ich in meiner ersten Anstellung im Institut für Mikrobiologie an der *Humboldt-Universität.*

Der 11. Dezember ist der Geburtstag des Mediziners

Robert Koch und wurde in der DDR als »Tag des Gesundheitswesens« gefeiert. Aus diesem Anlass wurden Auszeichnungen an verdienstvolle Mitarbeiter verliehen und Feste veranstaltet. So fand im Kultursaal des *VEB Elektrokohle* ein »Mediziner-Ball« statt. Eine Kollegin und ich waren gerade ein wenig auf »Männersuche«. Doch dieser Ball war »fremdes Terrain« und man konnte nicht einfach hingehen. Der Großvater meiner Kollegin jedoch arbeitete in diesem Betrieb als Pförtner und besorgte uns zwei Karten.

Bereits als wir auf dem Fest eintrafen und unsere Mäntel in der Garderobe abgaben, fiel mein Blick auf einen sympathisch aussehenden jungen Mann, der mich auffällig anschaute. Nur die Jacke, die er trug, gefiel mir nicht. Es herrschte freie Platzwahl und so kam es, wie es kommen sollte: Wir saßen an einem Tisch und stellten uns vor. Der junge Mann war Student der Medizin und mit seiner Seminargruppe unterwegs. Horst Reiher hieß er, doch alle nannten ihn Moppel. Diesen Spitznamen hatte ihm seine Schwester gegeben, die ihn im Alter von einem Jahr so klein und moppelig fand. Nun zog er auch seine Jacke aus.

Wir tanzten, lachten, tranken ein bisschen – und am Ende lud er mich zu sich ein, um Schallplatten zu hören. Horst sagte noch: »Ich habe aber in meiner Studentenbude nur Gleichstrom.«

Ich habe dir ja schon erzählt, dass ich in Physik eine Niete war und bin. Und so merkte ich gar nicht, dass man mit Gleichstrom keinen Plattenspieler betreiben kann …

Auch ohne Musik war es nett. Nach etwa einer halben Stunde jedoch klopfte es an der Zimmertür. Es gab zwei davon, einen Eingang ins Treppenhaus und eine zu dem Nebenzimmer der Wirtsleute. Hinter dieser Tür stand Moppels Vermieterin – zwei Zentner und Berliner Dialekt: »Herr Reiher! Dit Frollein falässt sofort dit Zimmer, so was mögen wia nich.«

»Dit Frollein faließ« also. Opa brachte mich nach Hause und unsere Partnerschaft nahm ihren Lauf.

Davon mehr beim nächsten Mal.

Liebe Grüße von deiner

Oma

Familie Reiher

Liebe Franzi,

nach meinem letzten Brief dachte ich darüber nach, wie lange ich jetzt schon mit Opa zusammenlebe. Immerhin vierzig Jahre! Im vergangenen Jahr feierten wir unsere Rubin-Hochzeit und reisten aus diesem Anlass nach Lindau am Bodensee.

Vier Jahrzehnte sind Opa und ich also ein Ehepaar, Franzi!

Wir lebten beide in Berlin, Opa in seiner Studentenbude in der Schlegelstraße 22 und ich bei meiner Mutter im Pieskower Weg 14. Nach dem Tod meines Vaters hatte ich sein ehemaliges Zimmer übernommen und zum ersten Mal ein eigenes »Reich«, was ich sehr genoss.

Dann zogen wir im selben Haus vom Parterre in den zweiten Stock. Wir benötigten die große Wohnung nicht mehr, da sich unsere Familie erneut verkleinert hatte. Oma Wyla war 1964 im Alter von 86 Jahren während eines Krankenhausaufenthaltes an Altersschwäche gestorben. Sie wurde auf dem Jüdischen Friedhof in Berlin-Weißensee an der Seite ihres Mannes Siegfried Katzenstein bestattet. Nur wir drei – Ruth, Franz und ich – waren anwesend, als Rabbiner Martin Riesenburger die Zeremonie zum Abschied meiner Großmutter hielt.

In der neuen Wohnung lag mein Zimmer direkt am Treppenhaus. Nachts, wenn meine Mutter schon schlief, klopfte Opa an die Wand und ich ließ ihn leise hinein. Bald freundeten Ruth und Horst sich jedoch an, so dass die Heimlichkeiten nicht mehr nötig waren.

1967 hielten wir uns reif genug, um zu heiraten. Ohne zu wissen wofür, gab meine Mutter uns Gold für die Ringe. Auch Opas Eltern, die in Weimar lebten, wussten nichts von unseren Plänen. Ruth besaß einen ovalen Armreif. An einer Seite war ein Scharnier, an der anderen ein Verschluss. Das Scharnier war meist defekt und gerade zu diesem Zeitpunkt funktionierte es wieder nicht. Um diesen Armreif baten wir Ruth und sie schenkte jedem von uns eine Hälfte. In der Dimitroffstraße (heute Danziger Straße) ließen wir uns daraus Ringe anfertigen und sie gravieren. In meinem Ring steht »Moppel«, in seinem »Kathrin«.

Wir hatten uns überlegt, unsere Hochzeit mit einem Urlaub zu verbinden, da wären wir nur für uns. So fuhren wir mit unserem hellblauen Motorroller und unseren Geburtsurkunden nach Sellin auf Rügen.

Während der Fahrt dachte ich: »Es wäre schön, vorher verlobt zu sein.« Ich saß hinter Horst, der eingehüllt war in einen innen gummierten, etwas zu großen Leinenmantel, der mich mitschützte. Zwischen uns stand eine Gepäcktasche mit den Ringen darin und etwas zu essen, denn Pausen gab es nur, wenn der Motor streikte. Im Schutz des Mantels nahm ich während der Fahrt meinen Ring heraus und setzte ihn mir auf den linken Ringfinger, ich aß ein Stück Kuchen – und so war ich für kurze Zeit verlobt.

In Sellin hatten wir ein mäßiges Quartier, Fenster zum Hof, auf dem in unserem Blickfeld unser Roller stand. Am nächsten Tag gingen wir zum Selliner Standesamt, trugen unseren Wunsch vor – und erhielten eine Absage! »Die Gesetze sind anders, als Sie sich das so denken. Vier Wochen vorher anmelden ...«

Wir zogen weiter nach Baabe: Ebenfalls ein Nein. Bei mir kullerten schon die Tränen.

Einen letzten Versuch unternahmen wir in Göhren. Zunächst dasselbe. Ich sah die Standesbeamtin an –

und plötzlich durchzuckte mich der Gedanke: Sie sieht ja aus wie die Frau von Horsts Freund in Weimar! Stammte seine junge Frau nicht aus Göhren? Sie hatte doch einen kleinen Sohn, den Matthias!

Ich war mir meiner Sache sicher und flüsterte Horst in einer kurzen »Verhandlungspause« meine Entdeckung zu. Da sah er es auch.

»Kann es sein, dass Sie in Weimar einen kleinen Enkelsohn haben?«, fragte er die Beamtin. »Matthias heißt er. Erzählt er manchmal von Onkel Moppel?«

Ihre Augen glänzten. Es war tatsächlich so! Zwei Tage später konnten wir heiraten. Am Mittwoch, den 6. September 1967 sollte um elf Uhr unsere Trauung stattfinden.

Vorher gingen wir in Sellin ins Warmbad, sauber wollten wir schon sein. Normalerweise nutzten dort »Männlein« und »Weiblein« getrennte Kabinen, doch für uns machte der Bademeister eine Ausnahme.

Wir besorgten noch einen Blumenstrauß und wollten so herausgeputzt – Opa hatte sich einen Anzug von seinem Bruder Peer geliehen, ich trug ein schönes Sommerkleid – mit unserem Motorroller nach Göhren fahren. Doch mein Kleid war zu eng, um auf den Sozius zu kommen. Schräg durfte ich mich nicht draufsetzen, das verbot das Gesetz. Also trampten wir, gelangten allerdings nur bis Baabe und fuhren den Rest mit dem »Rasenden Roland«. Die kleine Dampflok schnaufte durch die Landschaft und wir wurden langsam nervös. Doch am Ende waren wir viel zu früh in Göhren und schlenderten gemütlich zum Standesamt in der Elisenstraße.

Auf dem Weg kamen wir an einer Zahnarztpraxis vorbei. Opa hatte seit einigen Tagen Probleme mit einem

Weisheitszahn und wir wollten uns einen Termin holen. Der Zahnarzt war sehr couragiert: »Das können wir doch gleich erledigen.«

»Nein, das ist unmöglich! Wir heiraten um elf!«, wehrten wir ab.

»Ach, das schaffen wir noch«, beruhigte er uns und rief im Standesamt an: »Das Paar von um elf kommt erst halb zwölf.«

Da half nichts mehr, der Zahnarzt schritt zur Tat. Und am Ende verließ Opa die Praxis, mit ein bisschen Blut im Mund, einer leicht verdickten Backe und mit mir an seiner Seite.

So betraten wir das Standesamt. Nun war es doch aufregend: Wir beide ganz allein mit Frau Meier, vor uns ein Bild von Walter Ulbricht. Die Standesbeamtin klärte uns über Rechte und Pflichten der Ehe auf. Ein Fotograf war anwesend, er agierte hinter Frau Meier und veranstaltete allerhand Fisimatenten, damit wir lächelten. Ich biss mir erfolgreich auf die Lippen, um nicht loszuprusten. Ich wollte doch von Frau Meier ernst genommen werden. Ich machte mir auch Sorgen, dass Opa beim Ja-Sagen Blut aus dem Mund laufen könnte, doch er hatte alles rechtzeitig heruntergeschluckt. Wir wurden lockerer und brachten es hinter uns.

Frisch getraut mit dem grünen »Buch der Familie« unterm Arm traten wir an die frische Luft. »So«, sagten wir uns, »jetzt spazieren wir gemütlich zurück nach Sellin.« Doch nach circa zweihundert Metern hielt ein Auto neben uns. Ganz entzückt fragten die Insassen: »Sie sehen so aus, als ob Sie gerade geheiratet haben. Können wir Sie ein Stück mitnehmen?«

Wir stimmten zu und kamen so wieder nach Sellin.

Noch ein neuer Name: Während unserer Trauung am 6. September 1967

Nachdem wir uns umgezogen hatten, gingen wir ins Hotel *Frieden*, um unser Hochzeitsmahl zu essen: Kaninchenbraten mit Pfirsichen, 5 Mark 36 pro Portion. Es schmeckte köstlich. Abends im selben Hotel tranken wir eine Flasche Sekt und ließen uns einen Walzer spielen. Wir tanzten und gingen dann in unser Quartier.

Nachts weckte mich ein Geräusch, das ich vom Hof vernahm. Ich sah hinaus und beobachtete, wie sich jemand an unserem Roller zu schaffen machte. Ich ließ Horst schlafen, da ich keine Schlägerei in der Hochzeitsnacht wollte. Am nächsten Morgen fehlte ein Rückspiegel. Doch wir fuhren auch ohne ihn glücklich nach Hause.

Viele Jahre später besuchten wir noch einmal Göhren und wandelten auf den Spuren von damals. In der Elisenstraße fanden wir jedoch nur Neubauten.

»Wo ist das Standesamt geblieben, das hier einmal war?«, fragten wir Passanten.

Zwei junge Frauen versuchten vergeblich, uns eine Auskunft zu geben. »In welchem Jahr haben Sie denn geheiratet?«, erkundigten sie sich.

»1967«, antworteten wir wahrheitsgetreu.

»Dann versuchen Sie es doch im örtlichen Museum.«

Wir lachten lauthals los.

Dir mit deinen vierzehn Jahren kommen vierzig Jahre Ehe vielleicht auch ein bisschen vor, als wenn sie in ein Museum gehören, was Franzi? Aber Opa und ich sind noch keine Ausstellungsstücke. Wir sind voller Leben. In meinem nächsten Brief mehr davon.

Viele liebe Grüße

Deine Oma

Liebe Franzi,

ich erinnerte mich gerade an unser Gespräch von neulich. Welcher Beruf ist der richtige? Ich weiß noch, dass du einmal Zahnärztin werden wolltest. Später Hebamme, inzwischen Fremdenführerin mit spanischen Sprachkenntnissen. Ich bin gespannt, was du letztlich wählen wirst.

Es ist gar nicht so leicht, sich da zu entscheiden. Und leider gibt es nicht immer einen Platz in dem Bereich, den man sich wünscht. Das war auch in der DDR so. Und es betraf meinen Bruder Franz. Er interessierte sich für Geografie. Er selbst schrieb 1997 dazu:

Ich hätte einen Beruf in dieser Richtung ergreifen sollen. Doch es war nichts vorhanden. So lernte ich an der Ausbildungsstätte für Schwerbeschädigte den Beruf eines Industriekaufmanns. Mein Ausbildungsbetrieb war der »Berliner Aufzugsbau«. Im letzten Jahr ging ich in die Berufsschule für Industriekaufleute in der Großen Hamburger Straße in Berlin-Mitte.

Das war früher und ist heute wieder eine jüdische Schule. Nebenan befand sich ein jüdisches Altersheim. In der Nazizeit wurden von hier aus viele jüdische Mitbürger in die Gaskammern geschickt. Immer, wenn ich an diesem Ort vorbeigehe, muss ich daran denken und daran, dass wie durch ein Wunder meine Mutter und ich am Leben blieben.

Nach meinem Abitur 1962 stand ich vor derselben Frage wie du heute, Franzi, und ich war weniger gut vorbereitet. Ich wusste nicht, was ich werden wollte.

Zufällig hörte ich, dass das Institut für Botanik der *Humboldt-Universität* landwirtschaftlich-technische Assistentinnen ausbildete. Das klang spannend, ich bewarb mich und erhielt tatsächlich einen Platz. Von allen Fächern wie Botanik, Zoologie, Genetik interessierte ich mich während der Lehre besonders für Mikrobiologie, und so arbeitete ich nach meiner Ausbildung in dem entsprechenden Institut. Ich verspürte Lust, mehr über diesen Bereich zu erfahren. Deshalb studierte ich ab 1966 Veterinärmedizin in Berlin. Wie schon erwähnt waren meine schulischen Leistungen nie besonders gut gewesen. Doch wieder einmal war das Glück auf meiner Seite, denn man favorisierte zu dieser Zeit Studienbewerber, die bereits einige Zeit einen Beruf ausgeübt hatten.

Und meine »Praxiserfahrung« sollte mir wirklich einmal helfen: In einem Seminar wurde mir eine der üblichen »Fangfragen« gestellt: »Mit welchen Beinen steht eine Kuh zuerst auf und mit welchen ein Pferd?«

Ich war mir unsicher, doch da fiel mir eine Geschichte aus meiner Kindheit in Brodowin ein: Auf meinem fünfminütigen Schulweg ging ich am Milchhäuschen vorbei. Es war Winter, und vor diesem Haus hatte sich aus einer großen Pfütze eine spiegelglatte Eisfläche gebildet. Eine Kuh war darauf ausgerutscht und kam nicht mehr hoch. Für mich kleine Person ein beeindruckender Anblick: Dieses große Tier versuchte immer wieder aufzustehen, schaffte es aber nicht. Endlich legte jemand der Kuh eine Decke unter die Beine, so dass sie Halt fand und sich erhob.

Nun, etwa zwanzig Jahre später, erinnerte ich mich an die Kuh in Brodowin. Man hatte ihr die Decke zunächst unter die Hinterbeine gelegt, so dass sie sich zur Hälfte abstützen konnte, danach erst unter die Vorderbeine, um ganz aufzustehen. Beim Pferd würde man es in gleicher Situation genau umgekehrt machen müssen.

Als Kind kam ich durch mein neugieriges Beobachten zu spät in die Schule, was mir eine kleine Rüge einbrachte. Als junge Studentin verhalf es mir zu einer richtigen Antwort.

Opa studierte von 1964 bis 1970 Medizin und absolvierte anschließend seine Facharztausbildung in Berlin-Kaulsdorf im Bereich Gynäkologie und Geburtshilfe. Als Studenten gingen wir oft ins Theater und erlebten die interessante kulturelle Ostberliner Zeit mit.

Auf eigenen Wegen: Kathrin und Horst Reiher, 1970

Nach unserer Hochzeit bezogen wir überglücklich eine Neubauwohnung in der Köpenicker Straße 108. Ich verließ die Wohnung meiner Mutter im Pieskower Weg mit der Kommode meiner Großmutter im Gepäck. Opa brachte seinen wunderschönen alten Schreibtisch mit. Den Rest der Einrichtung setzten wir ebenfalls aus gebrauchten, aber nicht so wertvollen Möbelstücken zusammen.

Ich schloss mein Studium 1971 ab, erlangte ein Jahr später die Approbation zur Tierärztin, promovierte und wurde 1976 Dr. med. vet. Kathrin Reiher.

Nach dem Studium hätte ich gern eine Praxis für kleine Haustiere geführt, doch das war illusorisch. Die staatlichen Praxen waren alle besetzt und private gab es nur in Ausnahmefällen. Meine Pflichtassistentenzeit

Geschafft! Meine Seminargruppe feiert das Studienende, 1971

konnte ich teilweise in einer solchen Praxis verbringen, doch dann arbeitete ich in Instituten, die sich mit der Zulassung von Impfstoffen befassten.

1978 gingen wir für gut sieben Jahre nach Karlsburg, wo sich Opa im Zentralinstitut für Diabetes auf dem Gebiet »Diabetes und Schwangerschaft« spezialisierte und auf seine Habilitation hinarbeitete. Karlsburg ist ja für dich ein Stück Heimat, Franzi, denn deine Mutter Margitta stammt aus dem Ort. Sie lernte in Karlsburg unseren Matthias kennen, die beiden besuchten dieselbe Schulklasse.

Ich arbeitete im Versuchstierbereich der Diabetes-Forschung. So hatte ich mit großen und kleinen Tieren zu tun. Mit meinen Kollegen und Kolleginnen verstand ich mich gut, mit manchen halte ich heute noch Kontakt.

Franzi, ich freue mich darauf zu erleben, welchen Weg du einmal einschlagen wirst. Das war auch bei meinen eigenen Kindern für mich spannend. Davon hörst du allerdings nicht mehr heute. Es ist schon spät, ich gehe schlafen. Gute Nacht und schöne Träume.

Deine Oma

Liebe Franzi,

ich habe dir versprochen, dass heute dein Papa in meiner Geschichte auftauchen wird. Da ist er schon:

Am 12. Juni 1969 wurde aus Kathrin »Katinka« Reiher, geborene Gützlaff, eine Mutter. Dein Papa Matthias kam auf die Welt. Als die Wehen einsetzten, fuhren Opa und ich mit der S-Bahn zur Charité, unterwegs mit Pausen für die Wehen. Ich hatte ein bisschen Angst vor der Geburt. Doch ich sagte mir, dass doch alle Menschen so geboren werden, da konnte es nicht so schlimm sein.

Zu dieser Zeit durften die Väter noch nicht bei der Geburt dabei sein. Opa musste mich »abgeben«, und so allein kam ich mir sehr verloren vor. Doch am nächsten Morgen war Matthias da und ich glücklich.

Am 23. März 1972 folgte ihm unser zweiter Sohn Michael. Er kam im Krankenhaus Kaulsdorf zur Welt. Dieses Mal war ich nicht allein bei der Geburt. Opa arbeitete in der Klinik und konnte bei mir bleiben.

Zwischen den beiden Geburten lagen Prüfungen und Pflichtassistentenzeit. Es gab viel zu tun. Meine Mutter unterstützte uns. Matthias und Michael fuhren ab und zu mit ihr in die Ferien nach Brodowin. Und wenn Horst und ich etwas vorhatten, beaufsichtigte Ruth gern ihre Enkel.

Meine beiden Söhne wurden geboren, als ich noch studierte. Ihr »Großwerden« und mein »Erwachsen-

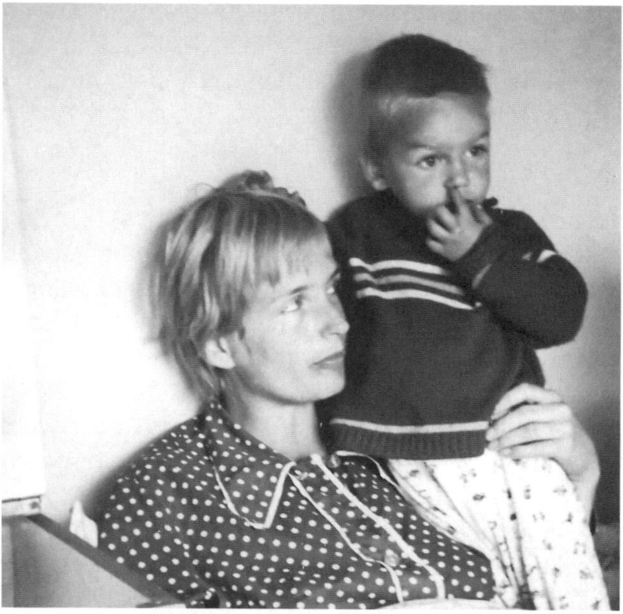

Mit meinen Söhnen: Kathrin und Michael 1974 (oben), Kathrin und Matthias 1971

werden« gingen parallel mit den entsprechenden Begleiterscheinungen des Gefühls, nicht immer genügend für sie getan zu haben.

Ich möchte nicht viel erzählen, ich kenne sie nicht genau genug, um das Richtige über sie zu schreiben. Man kennt wohl nur sich selbst einigermaßen.

Nur so viel: Matthias fiel das Lernen schwerer als Michael. Das wurde bereits deutlich, als sich zeigte, wie unterschiedlich sie die Aufnahme ihrer ersten festen Nahrung, sprich Stulle, bewerkstelligten. Nachdem Matthias den ersten Happen im Mund hatte, folgte ein Erstickungsanfall, der gut ausging. Michael kaute zweimal und der Mund ging wieder auf für »Nachschub«.

Einmal jedoch war Michael sehr störrisch. Im Sommer 1974 verbrachten wir die Ferien auf dem Zeltplatz in Born. Beide Jungs wollten Brötchen holen. Michael bekam das Portemonnaie in die Hand und sollte bezahlen. An der Kasse jedoch hielt er es ganz fest und ließ niemanden an das Geld. Matthias unterstützte seinen Bruder und so mussten die Umstehenden sehen, wie sie dieses Problem lösen. Eine Frau übernahm letztlich die Bezahlung und kam mit den beiden zu unserem Wohnwagen, wo wir Michael überzeugen konnten, die Geldbörse herauszurücken.

Unsere Söhne entwickelten ihre individuellen Methoden für das Lernen und haben nun beide einen ebenbürtigen Beruf. Ich bin sehr stolz auf sie.

Ich liebe sie beide gleichermaßen und das, was ich von ihnen wahrnehme, gefällt mir. Sie sollten dir später einmal selbst über sich erzählen.

Deine Oma

Mit meinen beiden Söhnen Matthias und Michael, 1976

Liebe Franzi,

ich sitze im Wohnzimmer und betrachte unser altes Sofa und die Sessel. Sie begleiten uns seit 1974. Als wir sie kauften, wohnten wir zu viert in recht winzigen zwei Zimmern. Opa und ich hatten bisher keine neuen Möbel angeschafft. Eines Tages betrachteten wir unsere zusammengestückelte Einrichtung und beschlossen: Jetzt lassen wir uns etwas anfertigen!

Wir lernten einen Tischler kennen, und Opa entwarf uns eine Sitzgruppe.

»Was halten Sie von Lärchenholz?«, fragte der Tischler.

»Lärche? Ja, gut«, gaben wir vertrauensvoll zurück. Hauptsache Holz, und der Tischler würde es schon wissen. Ich freute mich auf unsere ersten eigenen Möbel.

Als sie geliefert wurden, war ich allein zu Hause. Und geschockt. Das war doch kein Holz! Holz war braun und gemütlich! Die Farbe unserer frischen Lärchen-Möbel dagegen ging ins Rosa. Sie erschienen mir auch viel zu groß. Wuchtig thronte die neue Sitzecke im Zimmer.

»Nee«, dachte ich, »so geht das auf keinen Fall!« – und begann, Möbel zu rücken. Danach standen sie ein wenig günstiger im Raum, aber glücklich war ich nicht. Dieses Rosa!

Doch wie es so ist: Der Mensch ist ein Gewohnheitstier. Dieser Spruch ist erstaunlich wahr, nicht Franzi? So habe ich niemals mit Stores gelebt und kann sie bis heute nicht ertragen. Selbst wenn ich in einem Hotel schlafe, muss ich sie sofort entfernen. Ich brauche klare Sicht, ich bin es so gewohnt.

Und ich gewöhnte mich an unsere Sitzgruppe. Mit der Zeit dunkelte das Holz durch Sonnenlicht und Familienleben nach und es entstand ein warmer Holzton, wie ich ihn mir gewünscht hatte. Die zunächst so ungeliebten Möbel sind uns bis heute treu geblieben. Ich mag sie, wie alle Möbel in unserem Haus. Viele Erinnerungen hängen an ihnen. Ich sehe noch unsere zwei Jungs vor mir, wie sie darauf tobten und die Kissen malträtierten. Der braune Cordbezug, den wir 1974 über Bekannte bekommen hatten, hat die Sprünge der beiden überlebt und ist noch intakt. Vielleicht müssen wir ihn nie wechseln.

Ich freue mich schon auf deinen nächsten Besuch, bei dem du das gern überprüfen kannst, Franzi. Bis dahin, liebe Grüße,

Oma

Liebe Franzi,

heute sitze ich einmal wieder neben der Truhe, die schon so manche unserer Geschichten miterlebte. Sie ist eines von den Dingen in unserer Wohnung, die mich an meine Mutter erinnern.

Seit 1977 Franz aus dem Haus gegangen war, lebte meine Mutter allein in unserer alten Wohnung im Pieskower Weg. Sie hatte gute Freunde wie die nette Ursel Herzberg, eine Kollegin meines Vaters, oder Arthur Ploog, der erste Mann unserer inzwischen verstorbenen »Tante Ilse«, mit seiner zweiten Ehefrau. Mit ihnen und anderen Bekannten besuchte Ruth gern das Theater oder ein Museum, tauschte Bücher, plauderte und diskutierte. Manchmal ging sie mit mir »schuchteln«: wir bummelten einmal die Karl-Marx-Allee hoch und wieder runter durch die Geschäfte.

Doch nach wie vor war sie gern allein mit einem

guten Buch. Sie beschäftigte sich unter anderem mit jüdischen Autoren und der jüdischen Geschichte. Von ihr hätte ich gewiss viel erfahren können, doch ich sagte es schon: Ich fragte sie nicht, und meine Mutter war eine dezente Frau. Sie wollte uns nichts aufdrängen und hielt sich zurück.

Ruth konnte sehr entschlossen sein: Eines Tages reiste sie nach Weimar und besuchte meine Schwiegereltern. Dort kam das Gespräch auf die deutsche Geschichte, doch die Nazizeit, die Verbrechen an der jüdischen Bevölkerung, wurde in Opas Elternhaus nie thematisiert, das machte ihn selbst oft sehr traurig. Ruth kam enttäuscht zurück und beschloss, nie wieder hinzufahren.

Meine Mutter war eine für viele Menschen interessante Frau. Dennoch fand sie nach dem Tod meines Vaters nie wieder einen Mann. Als sie einmal mit mir darüber sprach, dachte ich: »Ach Gott, die alten Leute machen sich noch solche Gedanken.« Da war sie jünger als ich heute.

Doch sie schien zufrieden. Sogar das Weihnachtsfest verbrachte sie zuweilen allein. Ich hatte ein schlechtes Gewissen deswegen, aber meine Mutter beruhigte uns: »Mensch, macht euch doch keine Gedanken. Ich lege mir eine Platte auf, lese ein gutes Buch, koche mir was Schönes und mache es mir gemütlich. Was will ich mehr?«

Wir sahen uns nicht regelmäßig. Sie hütete ab und zu unsere Kinder, kam zu uns und brachte auch Freundinnen mit. Sie unterstützte uns und freute sich über unsere Wohnung. Ich glaube, sie wollte uns ein wenig beeinflussen. Allerdings sah sie, dass wir viele Dinge ohnehin in ihrem Sinne taten. Sie bemühte sich um

Meine Mutter war gern mit ihren Enkeln unterwegs. Ruth und Michael, 1977

uns und versorgte uns mit Dingen aus Westberlin, als sie in den Ruhestand ging und reisen durfte. Bald weitete sie ihren Wirkungskreis aus und besuchte ihre emigrierten Geschwister Rolf und Ester.

Ihre große Liebe jedoch blieb Brodowin. Ruth hing an unserem alten Dorf und flüchtete oft aus Berlin dorthin. Seit 1956 hatte sie sich bei der Familie Villain ein kleines Zimmer eingerichtet. Du kennst ja das Bauernhaus, in dem wir beide in unseren Ferien wohnten. Damit bist du nun die vierte Generation unserer Familie, die dort schöne Zeiten verbrachte. Ruth kannte ihre Vermieter schon lange. Bereits vor unserer Brodowiner Zeit hatten sie meine Eltern, »die Kommunisten aus Berlin«, auf ihren Ausflügen in ihrer Scheune beherbergt. Erst als die Kinder der Villains groß waren, musste Ruth ihr Quartier räumen und bezog zwei Zimmer im Pfarrhaus in Stendell bei Schwedt, wo die ehemalige Katechetin aus Brodowin seit einiger Zeit lebte.

Sobald die Sonne schien, verschwand meine Mutter aus Berlin und blieb stets drei bis vier Wochen auf dem Dorf. Sie liebte die wunderschöne Landschaft, wanderte, lud Freunde zu sich ein und nahm Matthias und Michael mit in ihr kleines Reich.

1988 feierten wir gemeinsam im Pieskower Weg den 82. Geburtstag meiner Mutter. Wenige Tage danach ging es ihr schlecht. Ruth wurde schwach, ein wenig dement. Sie konnte viele Dinge in ihrem Haushalt nicht mehr erledigen. Ich half ihr, kochte, putzte und nahm mir Zeit für sie – natürlich zu wenig. Mitte April ermöglichte Opa, dass sie in das Krankenhaus im Friedrichshain kam, in dem er als leitender Oberarzt arbeitete. Sie sollte dort ein wenig aufgepäppelt werden.

Ich besuchte Ruth so oft es ging und Horst war täglich bei ihr. Sie baute zusehends ab. Am 30. April kam ihr Sohn Hans aus Großbritannien zu ihr. Die beiden standen seit langem in regelmäßigem Kontakt, er reiste einmal im Jahr mit einem seiner fünf Kinder zu unserer Mutter nach Berlin.

Nun hatten wir uns zu dritt um Ruths Bett versammelt: Hans, Horst und ich. Doch an diesem Tag sprach sie nicht mehr. Sie gab kein Zeichen, ob sie Hans erkannte, was er sich so gewünscht hätte. Mein Bruder musste am selben Tag wieder fort, wir brachten ihn zum Übergang Friedrichstraße. Nur einen Tag darauf, am 1. Mai 1988, starb Ruth Gützlaff, meine Mutter. Es war, als ob sie auf ihren Sohn Hans gewartet hatte, um sich von ihm zu verabschieden.

Meine Mutter Ruth Gützlaff starb am 1. Mai 1988. Hier eine Aufnahme von 1983

Der Tod war eine Erlösung für meine Mutter. Dennoch musste ich sehr weinen, als ich ihre Sachen aus dem Krankenhaus abholte. Ich bin froh, dass ich die Erinnerungsstücke an Ruth bei mir habe. Vielleicht siehst du die Truhe beim nächsten Mal ja ein wenig anders an, Franzi?

Liebe Grüße

Deine Oma

Liebe Franzi,

habt ihr noch ein Stück von der Schichttorte? Ich habe gerade unseren letzten Rest verputzt. In solchen Fällen ist es gar nicht so schlecht, dass Opa sich nicht so viel aus Süßem macht ...

Die Schichttorte gehört inzwischen fest zu unserer Familie. Sie hat eine weite Reise hinter sich. Weißt du, woher und wie sie bei uns ankam?

Die Schichttorte stammt von Ester Einhorn, geborene Katzenstein, der Schwester meiner Mutter. Das Rezept und die Backformen reisten mit meiner Mutter aus Neuseeland an. Ruth hatte ihre Schwester zweimal besucht, zuletzt 1986, um ihren achtzigsten Geburtstag bei ihr zu feiern. Das Rezept brachte sie in ihrem Tagebuch mit, Ester schenkte ihr die Backformen dazu, die nun ich habe.

Erst 1994, ein Jahr vor deiner Geburt, aß ich zum ersten Mal eine Schichttorte. Ester schickte sie mir zu meinem fünfzigsten Geburtstag aus Neuseeland. Sie schmeckte wunderbar. Daraufhin probierte ich das Rezept selbst aus und bald gelang die Torte. Als Ester selbst nicht mehr in der Lage war, ihren geliebten Kuchen zu backen, schickte ich ihn zu ihr nach Neusee-

Familienrezepte: Hier entstehen gerade Piroggen. Franzi hilft in unserer Küche in Schwanebeck, 1999

land. Da er sich so lange hält, konnte ich schon vielen Freunden damit eine Freude bereiten. Und seit einigen Jahren schicke ich meinem Bruder Hans zu Weihnachten ein Päckchen mit einer Schichttorte nach Wales.

Kochst und backst du gern, Franzi? Wir haben es ja schon manchmal gemeinsam getan. Ruth und Wyla konnten es sehr gut. Hier ist es ebenso, wie bei manchen anderen Dingen: Ich hatte als Jugendliche keine Lust, mich neben den Herd zu stellen und etwas von den beiden Frauen zu lernen. Aber einiges habe ich trotzdem aufgeschnappt.

Für den Fall, dass du irgendwann einmal Lust hast, eine Schichttorte zu backen, schicke ich dir heute das Rezept.

Schichttorte

Die Form zum Backen ist 19,5 mal 19,5 cm groß und hat einen herausnehmbaren Boden. Mit kleiner runder Springform ist es wohl ebenfalls möglich.

***Teig:** 200 g Butter, 200 g Mehl, 200 g Zucker, 4 Eier, das Eiweiß extra schlagen und dann unterziehen.*

Den Boden der Form mit Backpapier auslegen.

Aus diesem Teig 4 Platten backen.

***Backzeit:** je ca. 20 min bei 150 °C.*

***Füllung:** Ingwermarmelade pürieren und dünn zwischen den einzelnen Platten verteilen. (Das Ursprungsrezept ist mit Aprikosenmarmelade.)*

***Schokoladenguss:** 150 g Kuvertüre (halbbitter) nach Vorschrift zubereiten und auf dem Kuchen verteilen. Nach mindestens 10 Tagen im Kühlschrank, eingepackt in Folie, ist er dann richtig gut durchgezogen und auch nach 4 oder 8 Wochen wunderbar.*

Wenn du magst, probieren wir es mal gemeinsam. Bis dahin guten Appetit!

Oma

Liebe Franzi,

mir fiel gerade eines meiner alten Gedichte in die Hände:

Spielregeln

Das Leben ist ein Spiel,
wer die Regeln kennt, kennt viel.

Du musst sie auf deinem Weg erkennen,
man kann sie nicht nennen.

Du musst sie fühlen,
die heißen und die kühlen.

Du kannst nur gewinnen,
kannst du die Regeln
mit-bestimmen.

Diese Zeilen, die ich 2002 schrieb, erinnern mich heute an eine Geschichte, die ich dir erzählen möchte.

Ich habe dir schon mehrfach davon berichtet, wie vehement mein Vater für seine Meinung streiten konnte. Bei mir ist das ein bisschen anders. In der Öffentlichkeit mutig zu sein, war nie meine Stärke. Umso mehr kannst du vielleicht nachfühlen, was mir diese Oktobertage 1989 bedeuten:

9. Oktober 1989, Montag

Ich ging an diesem Tag wie gewohnt ins Institut. Die Arbeit mit Impfstoffen machte mir Spaß. Am Freitag zuvor war mir die Auszeichnung »Aktivist der sozialistischen Arbeit« verliehen worden. Ich glaube, ich arbeitete nicht schlecht, war aber nichts Besonderes. Ich war wohl einfach an der Reihe gewesen. An diesem Montag hatte meine Kollegin frei und ich das Zimmer für mich. Doch mir gingen andere Dinge durch den Kopf …

Die politische Situation in der DDR war extrem angespannt. In der Stadt spürte man die Unruhe, regelmäßig kam es zu Demonstrationen. So viele Menschen hatten schon das Land verlassen. Bei bürokratischen Vorgängen bemerkten wir seit einer Weile, dass manches leichter wurde. Im Mai hatten Opa und ich beantragt, zum Geburtstag meines Bruders Hans nach Großbritannien zu reisen. Doch nur ich erhielt die Bewilligung. Zufällig behandelte Opa gerade eine prominente Schauspielerin im Krankenhaus. Er erzählte ihr von seinem Ärger, sie setzte sich für ihn ein – und es klappte. Opa durfte tatsächlich mitfahren. Und wir ahnten: In diesem Land passiert bald etwas.

Wir waren nicht wirklich aktiv, aber an der legendären Demonstration am 4. November 1989 in Berlin nahmen wir teil. Da sah ich erstmalig Spruchbänder gegen die Regierung und hielt plötzlich einen Zettel in der Hand, der durch die Reihen ging: »Stasi läuft mit.« Doch das machte uns keine Angst mehr.

Die Veränderung war im Anmarsch und beschäftigte mich auch an diesem Oktobertag. Mein Institut lag neben der Ständigen Vertretung der Bundesrepublik. Um uns geschah so viel – und hier ignorierte man alles. Die Verlogenheit in den Zeitungen, die Greise in der Regierung … Ich holte die Post für meine kleine Abteilung, sah sie durch – und traute meinen Augen nicht: Ein Formular mit Fragen für die Teilnahme am Wissenswettbewerb innerhalb der *Gesellschaft für*

Deutsch-Sowjetische Freundschaft. Es war der 9. Oktober 1989 und ich las Fragen wie: Wer war der erste Mensch im All? Wie hieß der erste Traktor in der Sowjetunion? Welche Bodenschätze lagern hinter dem Ural?

Ich saß da, und mein Herz klopfte wild vor Wut. Ich war keine Heldin, hatte mich oft gegen sich verselbständigende Gepflogenheiten der DDR gewehrt, indem ich sie bewusst nicht beachtete. Als Leiterin eines Vier-Seelen-Kollektivs war das nicht schwer, zumal bei vier Frauen, die sich im Grunde einig waren. Verantworten jedoch musste ich es.

Ich hätte dieses Formular zerreißen und in den Papierkorb werfen können. Man hätte nur etwas bitter registriert, dass unser Kollektiv am Wissenswettbewerb nicht teilnahm.

Aber ich konnte nicht mehr! Manchmal treibt mich etwas von innen, das ich nicht erklären kann. Und in diesem Augenblick packte es mich: Papier. Bleistift. Und dieser Text:

An
DSF-Vorstand
Im Institut

Betr. Wissenswettbewerb 1989

Verschonen Sie uns bitte mit Aktionen, die alte Zeiten verherrlichen. Die Fragen der augenblicklichen Zeit nehmen in unseren Köpfen so viel Raum ein und suchen nach Antworten.

Diese Antworten muß jeder selbst finden, weil die Regierung der DDR keine reale Stellung dazu bezieht.

Kathrin Reiher
9. 10. 89

Am ganzen Körper zitternd heftete ich den Text an die Wandzeitung. Ich arbeitete in einem Institut, das dem Ministerium unterstellt war, und dann so etwas! Das hatte noch niemand gewagt. Nun war die Zeit reif, ein – wenn auch winziges – Zeichen zu setzen.

Einer Kollegin erzählte ich davon und wir wägten ab: Sollte der Brief bleiben? Sollte ich ihn entfernen?

Es wurde halb elf, einige Kollegen kamen, fanden es nicht gut formuliert, zu spontan, taktisch unklug und alles, was einem so einfällt, wenn man es nicht mehr ändern kann. Ich hatte beschlossen, den Brief hängen zu lassen, eventuelle Folgen interessierten mich nicht.

Um 11.30 Uhr klingelte das Telefon. Der Direktor war am Apparat: »Frau Reiher, bitte entfernen Sie das Schreiben«, sagte er in höflichem Ton. »Ich bin sogar ähnlicher Meinung, aber in einem solchen Institut kann man so etwas nicht tun.«

»Herr Direktor, ich bitte Sie, dieses als Grundlage für eine Diskussion über die Unsinnigkeit solcher Wissenswettbewerbe an sich und besonders zu diesem Zeitpunkt zu akzeptieren«, gab ich zurück.

Er dachte daran, dass er den Vorfall dem Ministerium melden musste. Freie Meinungsäußerung in dieser Form gab es nicht.

»Was hätte eine solche Meldung zur Folge?«, fragte ich ihn.

»Es droht Ihnen eine disziplinarische Maßnahme.«

Ich nahm das zur Kenntnis.

Am Nachmittag routinemäßige Abteilungsleiterbesprechung: Diskussion über allgemeine Dinge, die politische Situation, doch ohne auf mich einzugehen. Da ein erneuter Anruf des Direktors: »Ist die Wandzeitung von Frau Reihers Brief befreit?«

War sie nicht. Der Anschlag war noch dran und inzwischen hatten mehrere Kolleginnen und Kollegen unterschrieben.

Nun bekam der Vorsitzende der *Gesellschaft für Deutsch-Sowjetische-Freundschaft* den Auftrag, die Aktion umgehend zu beenden. Er, ebenfalls Abteilungsleiter, folgte, stand auf und entfernte mein Schreiben.

Der Arbeitstag ging zu Ende und ich war fix und fertig. Ausgerechnet für diesen Tag hatte ich einer Kollegin zugesagt, ihre Katze gegen Tollwut zu impfen. Sie meinte dann, es wäre nicht so dringend, aber versprochen ist versprochen. So kämpften wir mit dem Kätzchen und verpassten ihm Impfstoff aus der Sowjetunion.

Am Abend trafen sich die Genossen der SED zur Parteiversammlung. »Man muss diese Frau zur Räson bringen!«, brüllte der Direktor, wie ich erfuhr. Er hatte mit dieser Meinung jedoch nicht nur Befürworter.

10. Oktober 1989, Dienstag

Was würde mich erwarten?

Ich ging ins Institut und bekam wie gewohnt den Schlüssel für mein Arbeitszimmer. Dann ein Anruf vom Direktor: Bitte sofort zu ihm. Seltsam ruhig machte ich mich auf den Weg.

Lammfromm redete er auf mich ein: »Frau Reiher, Sie wissen, ich teile Ihre Meinung in gewisser Weise. Aber Sie können solche Dinge nicht einfach frei äußern. Zudem noch in einer Form, die Sie sich aussuchen.«

... und die nicht so einfach erstickt werden konnte, weil es zu viele Mitarbeiter gelesen hatten. Widerspruch nutzte nichts.

Doch es gab keine disziplinarische Maßnahme. Die Zeit war zu reif.

Den Rest erledigte die Geschichte, nicht unbedingt in meinem Sinne, aber ich war froh, so »mutig« gewesen zu sein. Heute mag das lächerlich klingen, aber alles hat wohl seine Zeit.

Einen Monat später, am 9. November 1989, fiel in Berlin die Mauer.

Opa und ich gingen in einer riesigen Menschenmenge zum ersten Mal nach der Grenzöffnung über die Oberbaumbrücke nach Westberlin. Dort passierten wir einen Friseursalon, in dem die Cousine eines Freundes arbeitete. Sie sah Opa, ließ augenblicklich den Kopf ihrer Kundin los und rannte mit Schaum an den Händen aus dem Laden: »Moppel!« Sie kämpfte sich durch die Massen und fiel ihm um den Hals.

Ich bekomme noch heute eine Gänsehaut, wenn ich an diese Tage denke. Wir erlebten ein Stück Geschichte mit. Die Zeit der DDR fällt von ihrem Anfang bis zu ihrem Ende in mein Leben. Opa hat die Briefmarken aus diesen Jahren gesammelt. Wenn du möchtest, wird er sie dir sicher gern zeigen.

Nochmals, Franzi, alles hat wohl seine Zeit. Die Zeit der DDR war nun vorbei. Für heute alles Liebe,

Oma

Liebe Franzi,

im Augenblick schaut gerade wieder eine der zahlreichen Amseln in unserem Garten zur Terrassentür herein. Sie erinnert mich an ein ganz besonderes Familienmitglied, das leider schon gestorben ist. Du kanntest sie. Als sie noch lebte, schrieb ich ihr einmal ein kleines Gedicht:

Zwischendurch ein lustiger Vogel
namens Berta

Wir haben keinen Hund und keinen Kater,
wir haben Berta, nicht Hertha, sondern Berta.
Einst kam sie im Winter und bat um Futter,
jetzt kommt sie auch im Sommer mit demselben
Kummer.
Ein Apfel, ein bisschen Müsli und manchmal
ein Gespräch,
das ist unser Ritual.
Sie hat ein kleines Handicap, der rechte Flügel hatte
einst Probleme,
die längst »verflogen« sind. Nun bettelt sie.
Hat sie die Dreigroschenoper gesehen?
Egal, wir lieben sie und sie »liebt« uns.
Hätten wir Hund und Kater, dann hätten wir
nicht Berta.

Nun gibt es Berta nicht mehr, doch wir denken gern an sie. Vielleicht ist die Amsel vor dem Fenster eine »Enkelin« von ihr?

Herzlich, Oma

Liebe Franzi,

ich habe gerade mit Franz telefoniert. Eigentlich schreibe ich dir ja zurzeit von Familie Reiher und mein Bruder ist nach wie vor ein Gützlaff. Doch er gehört ja ganz fest zu uns. Heute möchte ich dir aus seinem Leben erzählen. Oder besser: Ich lasse Franz das selbst tun.

Mein Bruder hatte durch die schwierigen Umstände seiner Geburt und seine Behinderung einen schweren Start. Er hat alles geschafft im Leben, aber stets mit größter Anstrengung. Irgendwann verließen ihn die Kräfte, und er versuchte, Hilfe im Alkohol zu finden. Das ist lange vorbei. 1997 schaute er in Mühlhausen auf diese Zeit zurück:

Meinen Lebensbericht beginne ich am 6. Mai 1997. An diesem Tag wurde ich zur Entgiftung in das Landeskrankenhaus Pfafferode eingeliefert. Es war meine vierte Entgiftung. Ich fange meinen Lebensbericht deshalb so an, weil ich, wenn ich entlassen werde, versuchen will, ein Leben ohne Alkohol zu führen. Die Entzugserscheinungen wurden von Mal zu Mal schlimmer. Als ich hierher kam, konnte ich kaum laufen. Neben meinem Bett in Haus 11 stand ein Rollstuhl. Ich bin erst 56 Jahre und ich möchte von meinem Leben noch etwas haben; zumal alle günstigen Voraussetzungen dafür vorhanden sind (schöne Wohnung in Nordhausen mit gutem Umfeld, gute Rente).

Ich wurde am 4. Mai 1941 in Berlin geboren, mit einer spastischen Lähmung, vor allem der rechten Seite. Noch heute merkt man das an der Feinmotorik der Hände und an einer Parese der rechten Gesichts- und Stirnhälfte.

Ja, Franzi, davon hast du in meinen Briefen schon gehört. Auch von seiner Geburt als Sohn einer Verbindung in »Rassenschande«, seinem vorgeschobenen Vater Dr. Kurt Hirschfeld und unserer gemeinsamen Kinder- und Jugendzeit in Brodowin und Berlin. Wie es im

Erwachsenenleben meines Bruders bis zu dieser traurigen Situation in Mühlhausen kam, erzählte er so:

Im Jahre 1962 fing ich als Sachbearbeiter für Vertragsstrafen beim Deutschen Innen- und Außenhandel an. Nachdem ich das Abitur nachgeholt hatte, begann ich im Jahre 1967 ein Studium der Rechtswissenschaften an der Martin-Luther-Universität in Halle (Saale).

Das Ablegen des Abiturs und die Aufnahme des Studiums geschahen unter Verkennung meiner physischen und psychischen Kräfte. Ich war damit schlicht überfordert. Das hatte sich schon in der Grundschule beim Übergang in die höheren Klassen gezeigt.

Nach dem Studium fing ich als juristischer Mitarbeiter bei der Bezirksdirektion Berlin der HO an. Von 1973 bis zu meinem Weggang nach Nordhausen im Jahre 1979 war ich als juristischer Mitarbeiter im »Verlag Volk und Wissen« beschäftigt. Hier lernte ich meine besten Freunde kennen. Diese Freundschaften bestehen bis zum heutigen Tag. Meine wichtigste Bezugsperson ist jedoch nach wie vor meine Schwester Kathrin.

Als junger Mann war ich sehr kontaktarm, die Beziehungen zu Frauen mager, was sicherlich auch an meinem physischen und psychischen Zustand lag. Daher versuchte ich 1978 über eine Zeitungsannonce eine Frau kennen zu lernen, frei nach dem Motto: »Es wird schon klappen.« So traf ich Monika. Nach anfänglichen Schwierigkeiten rauften wir uns doch zusammen, heirateten im Jahre 1979 und zogen nach Sülzhayn bei Nordhausen, ins damalige Grenzgebiet zur BRD.

Bis 1977 hatte ich in Berlin mit meiner Mutter Ruth zusammengewohnt. Das ist der Grund dafür, dass ich spät selbstständig wurde. 1983 starb meine Frau. Mo-

nika litt an einer angeborenen Herzkrankheit und war erst 36 Jahre alt, als ich sie verlor.

1985 zog ich nach Nordhausen, wo ich seit 1979 in der Hydrogeologie arbeitete. Das war meine beste Arbeitsstelle, denn hier hatte ich endlich eine Tätigkeit, die ich gut bewältigen konnte. Bis dahin hatte ich stets leitende Positionen inne gehabt, die mir nicht lagen. Ich musste geleitet und geführt werden, so wie im überwiegenden Teil meines Lebens.

Bis zur Vereinigung Deutschlands und den damit verbundenen wirtschaftlichen Maßnahmen (Reorganisation des Betriebes) lief mein Leben in geordneten Bahnen. In der Zeit des Umschwunges wurde ich Invalidenrentner. Daher kenne ich zum Glück nicht die Probleme der Arbeitslosigkeit.

Da jedoch auch so plötzlich die Arbeit wegfiel, stand ich vor der Frage, wie es weitergehen sollte. Dazu die alten Probleme: Kontaktarmut, psychische und physische Schwierigkeiten. Anfangs ging es. Um mich abzulenken, fuhr ich oft nach Berlin zu meinen Freunden. Sie stellten mir ein Zimmer zur Verfügung. In der ersten Zeit unternahm ich Versuche, nach Berlin zurückzugehen. Doch ich scheute mich vor einem Umzug.

In dieser Zeit kam der Alkohol als »Trostspender« ins Spiel. Meine Unternehmungslust ließ nach. Ich igelte mich völlig ein und sprach mit kaum jemandem über meine Probleme. Ich musste mir sogar eine Haushaltshilfe nehmen, die heute noch kommt, wenn auch nicht mehr so intensiv. Um all dem auszuweichen, blieben mir meine Fahrten nach Berlin, u. a. zu Kathrin. Da sie und ihr Mann stark beruflich angespannt sind, treffen wir uns selten persönlich, stehen mehr in Brief- bzw. telefonischem Kontakt. Zu den persönlichen Begegnun-

gen ist zu sagen, dass ich jedes Mal, wenn ich sie besuchte, Entzugserscheinungen hatte. Das schadete natürlich meinem Image. Ich brauchte dann ein paar Tage, um mich davon zu erholen. Inzwischen nahm ich Tabletten ein.

Kathrin versuchte trotzdem immer wieder, den Kontakt zu mir aufrechtzuerhalten. Nicht zuletzt war sie es, die mir riet, nach Pfafferode zu gehen.

Nach drei Entgiftungen in Nordhausen bin ich nun in Mühlhausen-Pfafferode gelandet, wo sich nach der Entgiftung eine Entwöhnungstherapie angeschlossen hat, in der ich mich noch befinde. Diesen Schritt tat ich mit Unterstützung meiner Schwester. Der sozialpsychiatrische Dienst beim Gesundheitsamt Nordhausen, vor allem meine Selbsthilfegruppe, unterstützte mich ebenfalls. Bevor ich nach Pfafferode ging, besuchte mich sogar ein Pfarrer.

Ich hoffe, dass die Therapiemaßnahmen für mich am Schluss erfolgreich sind.

Franz ist seitdem »trocken« und führt ein inhaltsreiches Leben in Berlin. Eine zweite Heimat ist ihm der »Verein für alkoholfreies Leben e. V.« (V. A. L.) geworden. Die regelmäßigen Treffen dort machen ihn so stabil. Ich bin sehr froh darüber und stolz auf meinen Bruder.

Weißt du noch? Wir haben ihm ja gemeinsam bei seinem Umzug geholfen. Franz und ich treffen uns nicht regelmäßig, telefonieren oder schicken uns E-Mails. Zu seinem Geburtstag jedoch fahren wir meist nach Brodowin, ein Geschenk für uns beide.

Seine Situation hat mich 2000 zu diesem kleinen Gedicht verleitet.

Mein Bruder Franz

Ich habe einen Bruder,
der ist kein Luder.
Er kann nicht frei leben,
das ist es eben.
Er ist voll von Rissen und
ich habe stets ein schlechtes Gewissen.

Ich bin froh, ihn heute gehört zu haben. Dir noch einen schönen Abend, liebe Franzi.

Deine Oma

Liebe Franzi,

ich räume gerade die Kammer neben meinem Zimmer auf. Wenn man so in alten Sachen stöbert, fallen einem Dinge in die Hand, an die man lange nicht gedacht hat, und man bleibt in Erinnerungen hängen.

Kennst du das Bild noch, Franzi, das ich dir heute mitschicke? Das bin wohl ich?

Wie alt magst du gewesen sein, als du es mir schenktest? Die Zeit vergeht so schnell. Ich war Katinka, dann Kathrin, plötzlich hieß ich nicht mehr Gützlaff, sondern Reiher, bald Frau Dr. Reiher. Eines Tages war ich eine »Mutti«. Meine Kinder wurden groß und zogen aus.

Matthias heiratete Margitta. Michael seine Dagmar. Ich wurde eine Schwiegermutter … und eines Tages, am 11. April 1995, eine Oma. Ich habe dir in einem früheren Brief versprochen, dir von diesem besonderen Tag zu erzählen.

Deine Eltern hatten dich eigentlich erst ein paar Tage später erwartet. Doch nun war es der 11. 4. Dieser Tag passt wunderbar zu deinem Opa, denn er ist am 4. 11. geboren.

Das bin wohl ich? Ein Bild von dir, Franziska, für deine Oma Kathrin, 2004

Die Familie Reiher wächst: Margitta, Matthias und Franziska 2003 …

... und wächst: Dagmar und Michael, kurz vor ihrer Hochzeit 2003

Für Opa war es etwas ganz besonderes, dass du in »seinem« Krankenhaus zur Welt kamst: im Krankenhaus im Friedrichshain, wo er in demselben Jahr Professor der Medizin wurde. So konnte er – wie natürlich dein Papa – bei deiner Geburt dabei sein. Ein paar Stunden später durfte ich dich zum ersten Mal sehen, neben deiner glücklichen Mutter Margitta. Opa hatte an diesem Tag Nachtdienst und passte auf, dass es dir und deiner Mama in den ersten Stunden deines Lebens gut ging.

Da warst du also, wurdest bald größer, lerntest laufen und sprechen.

Als du zwei Jahre alt warst, gefielen dir Traubenhyazinthen und du fragtest nach dem Namen dieser Blumen. Dein Kommentar, als du ihn hörtest: »Oh, das ist ja fast so schwer wie Streichhölzer.«

Schon in diesem Alter dachtest du schnell weiter. Du verborgtest gern Dinge deiner kleinen Welt, auch einmal das Reisebett und deinen Autositz – jedoch nicht ohne zu bemerken: »Diese Dinge möchte ich aber wiederhaben, wenn ich mein Kind bekomme.«

Geschichten hörtest du schon immer gern. Besonders »Max und Moritz« machten dir Freude. Weißt du noch, bei welchen Zeilen es für dich am lustigsten war? Ganz genau: »... und da sieht man voller Grausen den Onkel aus dem Bette sausen.«

In deinem eigenen Bett »wohnte« deine Puppe Borni. Du liebtest sie sehr und eines Tages hast du mir ihr Gewicht verraten: »5 Grad!« In deinem Kinderzimmer war es mit der Uhrzeit auch so eine Sache. Es war »meistens 7 oder 12«.

Du nahmst die Dinge weiter genau: Als Neunjährige warst du einmal für kurze Zeit allein zu Hause und

Du und ich 1996: Auf einmal war ich eine Oma …

… und Moppel ein Opa: Mit seiner Enkelin 2004

hattest strikte Anweisung, die Tür nicht zu öffnen. Es klingelte und der Postbote stand draußen. Du kanntest ihn, öffnetest und nahmst ein Päckchen entgegen. Sofort kamen dir massive Zweifel, ob das wohl richtig gewesen war. Kurz darauf rief Opa an. Eine gute Gelegenheit, darüber zu reden. Am Ende des Gespräches war dir die Erleichterung anzumerken: »Opa, nochmals vielen, vielen Dank, dass du gesagt hast, dass es richtig war, dass ich die Tür geöffnet und das Päckchen angenommen habe.«

Ich fasse es einmal zusammen:

Franziska ist unser ganzer Stolz
Sie ist aus wunderbarem Holz.
Ihre Aura, ihre Sprache, ihre Art
sind so apart.

Beim nächsten Mal wieder mehr Geschichten für diese besondere Enkelin von

deiner Oma

Guten Morgen, Franzi,

ich sitze am »abgegrasten« Frühstückstisch, Opa hat sich mit einem Buch zurückgezogen und ich bin noch ein wenig müde. Wir waren gestern auf einer schönen Vernissage in der Galerie des Vereins »Kunst & Literatur Forum Amalienpark«, bei dem ich ehrenamtlich arbeite. Ich bin für die Ankündigung der Ausstellungen zuständig. Ich mache das gern, komme ich so doch der Künstlerszene etwas näher.

Immerhin bin ich ja seit einigen Jahren Rentnerin. Nach der Wende wurde das staatliche Institut, für das ich tätig war, geschlossen. *Ein* Land braucht nur eine Zulassungsbehörde. Man entschied sich für die entsprechende in Langen bei Frankfurt am Main. Das Gebäude war gerade neu gebaut worden und modern ausgestattet. Ich hätte dort weiter arbeiten können, versuchte aber, in Berlin zu bleiben und landete bei der Zulassung von Arzneimitteln für die Humanmedizin, im damaligen Bundesgesundheitsamt, später umbenannt in Bundesinstitut für Arzneimittel und Medizinprodukte. Bis 2000 befand es sich in Berlin, zog aber 2001 endgültig in einen Neubau nach Bonn um. Dorthin pendelte ich noch ein Jahr lang.

Im Bundesinstitut beschäftigte ich mich statt mit Tieren und wirklicher Forschung nur noch mit »Papierkram«, der sich um die Zulassung von Arzneimitteln drehte. Diese Arbeit gefiel mir nicht. So war ich nicht böse, als ich 2002 zunächst arbeitslos wurde und 2004 mit sechzig Jahren in Rente ging. Ich bin ohnehin ein optimistischer Mensch, der schwierige Situationen schnell verarbeiten kann. Das muss ich wohl von meiner Mutter geerbt haben, die ohne sichtbare Schäden die riesigen Probleme ihres Lebens gemeistert hatte.

Opa ist seit dem letzten Winter im Ruhestand. Zu Hause sind wir ein gutes Team. Seit 1995, dem Jahr deiner Geburt, wohnen wir in unserem Haus in Schwanebeck, das wir seit 1976 als Wochenendhaus nutzten und für unsere Bedürfnisse umbauten. Der Alltag mit den häuslichen Pflichten fällt mir leicht. Du hast es ja vielleicht schon gemerkt: Während ich solche Arbeiten verrichte, kommen mir gute Ideen für Briefe, Gedichte und Ähnliches. Es darf nur nicht nach einem festen Schema ablaufen. Ich wische Staub, wenn ich Staub

Ein gutes Team: Horst und Kathrin Reiher 2007

sehe, und nicht, weil Freitag ist. 2003 schrieb ich ein Gedicht, das zeigt, wie ich mir sonst vorkomme:

Ich als Maschinenpark

Waschmaschine
Nähmaschine
Haarschneidemaschine
Wringmaschine
Küchenmaschine
Bügelmaschine
Reinigungsmaschine
usw.
Manchmal sehne ich mich nach »Maschin kaputt«.

Der Wechsel zwischen praktischer und geistiger Arbeit war für mich immer wichtig, auch im Beruf. Ich hätte nicht nur Wissenschaftler sein können. Die Mischung aus Theorie und Praxis war genau das Richtige für mich. Und so halte ich es noch. Meine genetische Konstellation und viel Glück in meinem Leben lassen mich heute die Ruhe finden, vieles aufzuschreiben. Mit ein wenig Sport versuche ich, Körper und Geist fit zu halten. Ich bin gern mal allein, lese und befrage die Frau in meinem Spiegel, die uns durch meine Briefe begleitet.

Alter

Das Alter tut gut.
Ganz leise wird man
ein bisschen weise
auf einer holprigen Reise.

Ich möchte auf meiner Reise gern noch einiges für mich selbst finden, dir vielleicht in diesen Briefen etwas davon mitgeben und anderen Freude bereiten. Das interessante Phänomen »sich regen bringt Segen« aufnehmen. Daraus entstanden viele schöne Erfahrungen und Begegnungen. Von einer sollst du beim nächsten Mal hören.

Für heute schicke ich dir viele Grüße.

Oma

Liebe Franzi,

bestimmt erinnerst du dich an meine Erzählung von der Schriftstellerin Ilse Ploog, durch deren Hinken wir als Kinder in einen so peinlichen Lachanfall ausgebrochen waren. Ich erzählte dir schon, dass ich ihren Namen viele Jahre später in einem Buch entdeckte und dadurch eine weitere Frau kennen lernte. Heute liest du die lang versprochene Geschichte dazu.

Nach dem Tod meiner Mutter begann ich, mich intensiv mit den jüdischen Wurzeln unserer Familie zu beschäftigen. Diese Auseinandersetzung fiel mit der Wende zusammen. Ich hatte das Gefühl, im wiedervereinigten Deutschland wurde offener über jüdische Themen gesprochen.

Ich interessiere mich sehr für Lebensgeschichten jüdischer Menschen. 1999 sah ich den Film »Aimée & Jaguar« und las anschließend das Buch, auf dem er basiert. Es handelt von der lesbischen Liebe zwischen einer Nichtjüdin (Aimée) und einer Jüdin (Jaguar) während der Nazizeit in Deutschland. Erica Fischer schrieb die Geschichte mit Hilfe von Aimées Erzählungen und vielen Dokumenten, die sie über die Jahre aufgehoben hatte. Darin wurden zwei Namen genannt, die auch im Leben meiner Eltern eine Rolle spielten: Dr. Kurt Hirschfeld und Ilse Ploog. Als ich von ihnen las, dachte ich: »Vielleicht kannte Aimée meine Eltern, und ich erfahre mehr über Ruth und Heinz aus dieser Zeit.« Ich schrieb ihr, sie sandte mir einen kurzen Gruß und ihre Telefonnummer zurück. Wir führten ein langes Gespräch.

Du kennst Aimée gut, Franzi: Ihr richtiger Name war Elisabeth Wust. Unsere Lilly.

Es stellte sich heraus, dass Lilly und Ilse Ploog Freundinnen gewesen waren. Und tatsächlich hatte Lilly meine Mutter gesehen, als Ruth und Ilse einmal bei ihr vorbeischauten. Dr. Kurt Hirschfeld hatte sie selbst nicht gekannt. Bei ihm hatte Felice Schragenheim, Lillys Freundin »Jaguar«, einige Zeit als Untermieterin gewohnt.

Lilly und ich hielten den Kontakt aufrecht. Wir telefonierten und sprachen intensiv über die Nazizeit. Ich wollte sie besuchen, um ihr zu helfen, denn sie war zu diesem Zeitpunkt 86 Jahre alt und gesundheitlich recht angeschlagen. Lilly lehnte jedoch ab: »Meine Wohnung ist in einem so schlechten Zustand. Ich möchte hier niemanden empfangen.«

Ich überlegte, was zu tun sei, setzte ein Schreiben an den *Lions Club* Hohenschönhausen auf und bat um Hilfe für Lilly Wust. Ich kannte den gegenwärtigen Leiter … oder: Nein, jetzt muss ich schon sagen *wir*, denn ab diesem Zeitpunkt organisierte ich alles mit Opa gemeinsam. Die Antwort vom *Lions Club* war positiv. Die Unterstützung einer alten hilfsbedürftigen Frau mit kleiner Rente, die das Bundesverdienstkreuz und den israelischen Orden »Gerechte unter den Völkern« erhalten hatte, fiel in die Rubrik gemeinnützige Hilfe. Zusammen mit der Wohnungsbaugesellschaft wurde Lillys Wohnung renoviert und umgebaut.

Doch während der Arbeiten konnte sie in ihrer Einzimmerwohnung nicht bleiben. Wohin also? Wir luden sie zu uns ein. Vom 15. bis 28. Juli 2000 war Lilly unser Gast und wohnte in eben dem Zimmer, in dem ich gerade sitze und dir schreibe.

Ich war gespannt auf die Person Lilly Wust, die ich ja nur von Telefongesprächen kannte. Du weißt ja, Franzi, Lilly war eine einfache, bescheidene und ausgesprochen ästhetische Frau. Als Gepäck hatte sie außer ihren persönlichen Sachen drei Koffer dabei, darin ihre Tagebücher, Briefe, Tonbänder und Dokumentarfilme. Sie zeigte mir ihre Schätze und wir gingen zusammen auf Spurensuche.

Unsere Gespräche drehten sich vor allem um ihr Leben, hauptsächlich zu der Zeit, als sie Felice kennen und lieben gelernt hatte. Sie war damals 29 Jahre alt, verheiratet, hatte vier Söhne und keinen Beruf. Felice Schragenheim, eine gebildete, kluge und lebensdurstige Frau hatte sie erobert. 1942 ließ sich Lilly von ihrem Mann scheiden, ohne den wahren Grund anzugeben. Felice war Jüdin, inzwischen bei der »Arierin« Lilly untergetaucht. Sie hatte die Chance zu emigrieren, was zu dieser Zeit schon sehr schwierig war. Doch sie blieb bei Lilly. Beide hofften auf ihr Glück und wollten sich mit Lillys Kindern ein gemeinsames Leben aufbauen. Doch Felice wurde verraten. Im August 1943 spürten die Nazis sie auf und brachten sie nach Theresienstadt, weiter nach Auschwitz und Groß-Rosen, schließlich nach Bergen-Belsen, wo sie im März 1945 starb. Dort steht seit 2007 ein Gedenkstein für sie.

Nun war Lillys glückliches Leben praktisch zu Ende. Ihr Mann war gefallen. Sie musste nach dem Krieg allein für ihre Kinder sorgen. Da sie von ihrem Mann »schuldig« geschieden war, erhielt sie keine Kriegswitwenrente. Bis zu ihrem siebzigsten Lebensjahr verdiente sie ihr Geld als Putzfrau.

In den letzten Kriegsmonaten hatte Lilly drei weiteren Jüdinnen Unterschlupf gewährt. Dafür wurde ihr 1981 auf Betreiben ihres ältesten Sohnes Bernd das Bundesverdienstkreuz für »unbesungene Helden« ver-

Lilly und Franzi

liehen und 1999 auf Initiative ihres Sohnes Eberhard, der als Jude in Israel lebt, der israelische Orden »Gerechte unter den Völkern«.

Anfang der neunziger Jahre schrieb die Schriftstellerin Erica Fischer die Geschichte von »Aimée & Jaguar« auf. Dieses Buch wurde ein Erfolg, der für Lilly enorm wichtig war. Sie wurde wieder zum Leben erweckt. Mit der Preisgabe ihrer intimen Tagebücher und ihrer lesbischen Liebe wagte sie einen mutigen Schritt und schuf Felice Schragenheim einen Platz in der öffentlichen Erinnerung. Es gab Stimmen, die die Authentizität von Lillys Geschichte anzweifelten. Als ich davon las, dachte ich an ihre Auszeichnungen, die ja nur nach Prüfung der Tatsachen vergeben werden, und sprach mit Lilly über diese Artikel. Doch sie war zu müde, um sich dagegen zu wehren.

Für uns wurde Lilly eine gute Freundin und gehörte bald auf ihre Weise zur Familie Reiher. Sie besuchte uns, wohnte in meinem Zimmer und feierte gern ihre

Geburtstage in unserem Haus. Lilly liebte dich sehr, Franzi!

Weißt du noch? Als du etwa sieben Jahre alt warst, ging es Lilly gesundheitlich schlechter, und sie bekam einen Hausnotruf. Du, die Diskussionen darum noch im Ohr, fragtest klug nach: »Hat Lilly nun endlich ihren Hinfallautomaten?«

Ja, den hatte sie. Und es ging noch eine ganze Weile gut. Am 31. März 2006 telefonierte ich mit ihr. Es war halb drei am Nachmittag. Sie hatte in der Nacht einen wunderschönen Traum, an den sie sich konkret nicht mehr erinnern konnte, aber der sie in den ersten Vormittagsstunden sehr glücklich gemacht hatte. Am späteren Vormittag bekam sie stärkere Schmerzen, die sie als Sodbrennen beschrieb, und nahm dagegen ein Mittel ein. Unser Gespräch verlief anfangs beklommen, später angeregt, wie es bei Lilly öfter geschah. Ich versprach ihr, mich wieder zu melden.

Gegen 15 Uhr jedoch rief sie den Notarzt, Tina, ihre Lieblingsschwester von der Sozialstation, und uns an. Nun war Opa am Telefon und versprach ihr, wenn sie ins Krankenhaus müsse, dann nur in »seins«. Diese Gewissheit gab ihr etwas Ruhe, denn das hatte sie sich gewünscht: wenn Krankenhaus, dann nur zu »Horsti«, wie sie ihn liebevoll nannte.

Der Notarzt stellte keine akute Gefahr fest und wollte sie nicht einweisen. Lilly jedoch fühlte wohl, dass sie an einen »sicheren Ort« müsse und so rief der Notarzt, wie verabredet, Opa an.

»Ich habe alles vorbereitet für eine Aufnahme im Krankenhaus im Friedrichshain«, sagte der, »und mir ist wohler, wenn Lilly wenigstens die nächsten 48 Stunden beaufsichtigt wird.«

So geschah es. Wir sprachen beide noch einmal mit Lilly. Zu mir sagte sie: »Mein Liebes, ich bin so froh, dass Horsti das organisiert hat. Danke, danke, danke – und grüße Joffi.« Du weißt ja, wer das ist: mein Teddy.

Wir freuten uns auf den Besuch bei ihr im Krankenhaus am nächsten Tag. Tina blieb den Nachmittag bei ihr, bis der Krankentransport eintraf.

Um 20.15 Uhr kam Lilly im Krankenhaus an. Um 22.45 Uhr starb sie. Sie hat an diesem Tag alles richtig gemacht, denn sie war noch im Vollbesitz ihrer geistigen Kräfte.

Die Beerdigung fand auf dem Friedhof Berlin-Lichterfelde Süd statt, Ostpreußendamm, Ecke Osdorfer Straße.

In der kleinen Feldsteinkirche war die Urne aufgestellt, obenauf ein weißes Blumenbukett. Es wurden drei Musikstücke auf der Orgel gespielt und die circa zwanzig Trauergäste konnten in Gedanken noch einmal bei ihr sein. Eine Rede gab es nicht.

Als die Urne in die Erde gelassen wurde, sprach ihr Sohn Eberhard einen Psalm, zunächst auf Deutsch, anschließend auf Hebräisch. Diesen wird er nach jüdischem Brauch an jedem Todestag seiner Mutter aufsagen. Anschließend nahm jeder mit Erde, Blumen und eigenen Gedanken Abschied von Lilly.

Dir vererbte sie ihren Lieblingstalisman, den bunten Teddy »Fetzi«. Halte ihn fest, er wird dir helfen, dich an Lilly zu erinnern. Und vielleicht möchte Fetzi eines Tages an unserem Briefwechsel teilnehmen? Du weißt ja, in früheren Briefen »korrespondierten« unsere Teddys miteinander. Sie schrieben sich manch Lustiges und Ernstes. Hast du noch den Brief von meinem Joffi an deinen Teddy, in dem er über meinen Kochlöffel berichtete? »Er ist von Oma Ruth und vielleicht schon von ihrer Mutter. So genau weiß man das nicht mehr. Er sagt, dass er einige Rezepte auswendig kann. Na, ob das stimmt? Wenn man seinen Kopf ansieht, mit dem gerührt wird, kann man sich vorstellen, dass er ein bisschen Holz in mancher Speise gelassen hat.«

Schon Joffi wusste also, dass alles seine Spuren hinterlässt, ganz wie Lilly. Wir haben sie sehr geliebt und wir werden sie nie vergessen.

> Wenn einer stirbt, ist gut, sich vorzustellen,
> dass er gereist sei in ein fremdes Land,
> aus dem er nicht mehr vorhat heimzukommen.
> Drum gab er euch beim Abschied nicht die Hand.
>
> *Heinz Kahlau*

Wohin ein Mensch auch reisen mag, er lässt etwas zurück. Das tat Lilly, und das haben all die Menschen getan, von denen ich dir erzählte. Einige Spuren dieser Geschichten kannst du noch finden. Im letzten Teil meiner Briefe möchte ich dir ein paar von ihnen zeigen und freue mich, wenn du Lust hast, sie zu entdecken, gemeinsam mit deiner

Oma

Spuren

Liebe Franzi,

ich erinnere mich, dass die Frage nach Gott eine war, die dich früh beschäftigte. Während du mit sechs Jahren noch ein bisschen an ihn glaubtest, war das mit sieben Jahren vorbei. Du formuliertest: »Ich glaubte früher an ihn.«

Das ist eine wichtige Entscheidung. Und in unserer Familie bist du nicht die Einzige, die sich im Laufe ihres Lebens damit auseinandersetzte.

Mein Bruder Hans beschrieb in einem Brief 1998 seinen eigenen religiösen Weg so:

Bis zum Tod meines Vaters Walter Lichtenstein besuchten wir die jüdisch-reformierte Synagoge in Berlin, und ich nahm teil an der jüdischen Ausbildung außerhalb der Schulstunden. Nach Vaters Tod zeigte sich jedoch, dass meine Mutter Ruth eigentlich eine Atheistin war – eine Situation, die über mich kam, als ich acht Jahre alt war und die bis in meine frühen Zwanziger anhielt.

Als Medizinstudent fand ich es notwendig, über meine Haltung zu Gott erneut nachzudenken. Ich nahm nicht an, dass ich wirklich jede Art von Beziehung zu Gott verloren hatte, und dieses Gefühl drängte wieder in den Vordergrund.

Während meines Staatsdienstes in Malaysia als Medizinscher Offizier im Regiment war ich sehr verbunden mit einer christlichen Gemeinde. Ich fühlte, dass das Christentum für mich ein logischer Nachfolger war. Ich wurde getauft und konfirmiert durch den Vikar der St. Mary's Kirche in Kuala Lumpur.

(...) Heute ist mein christlicher Glaube erstarkt und ich finde keinen Widerspruch zu meinem jüdischen Hintergrund.

Ja, du siehst, Franzi, da kommt einiges zusammen. Du hast ja schon gehört, dass in unserer Familie sehr unterschiedliche Hintergründe aufeinandertrafen. Meine Mutter, eine assimilierte Jüdin und Witwe eines Juden, heiratete einen atheistischen Kommunisten, nachdem sie per Gerichtsbeschluss zur »gottgläubigen« Nichtjüdin erklärt worden war. Meine Mutter gehörte danach keiner Kirche mehr an. Bereits Ruths Eltern, deine Ururgroßeltern Wyla und Siegfried Katzenstein, kamen aus einer jüdischen und einer evangelischen Familie und integrierten beide Religionen in ihrem liberalen Haus.

Ich selbst bin nicht religiös. Doch da mich das jüdische Schicksal der Familie sehr berührt, beschäftige ich mich mit diesem Glauben und seiner Kultur. Wenn du durch unser Haus in Schwanebeck gehst, entdeckst du überall Spuren der verschiedenen Menschen und Geschichten unserer Familien: Da stehen Möbel wie unsere alte Truhe, die Wyla und Ruth von Rotenburg über Berlin und Brodowin zurück nach Berlin begleitete. An den Wänden hängen Bilder, die mein Vater malte, andere von Menschen, die uns begegneten, und natürlich einige von deinem Opa.

Schon wenn du zur Tür hereinkommst, heißt dich ein Zeichen unserer jüdischen Wurzeln willkommen: Gleich neben dem Eingang siehst du eine Farblithografie, die die Bedeutung einer Mesusa interpretiert. Die Zeichnung stammt von Esters Tochter, meiner Cousine Jule Einhorn. Eine Mesusa ist ein Behälter mit einer Pergamentrolle darin, auf die Worte aus dem Alten Testament geschrieben sind. Sie wird in religiösen Häusern vorschriftsmäßig am rechten Türpfosten in Augenhöhe angebracht. Eine solche kleine Mesusa mit Pergamentrolle findest du in unserer Küche. Das ist zwar nicht korrekt, doch ich sehe es nicht so streng. Für mich sind es einfach Spuren meiner Vorfahren.

Wenn du in der Küche stehst, drehst du dich nur um und siehst das nächste Zeichen: Ich erzählte dir von dem hebräischen Gebetbuch in Miniaturausgabe, das in meinem Setzkasten seinen Platz gefunden hat. Es war ein Geschenk von Lilly, die so ebenfalls in meiner Küche bei mir ist.

Auf dem Schreibtisch in meinem Zimmer, an dem zu ihren Lebzeiten meine Mutter arbeitete, steht eine Menora, ein siebenarmiger Leuchter. Er ist vielleicht eines der bekanntesten jüdischen Symbole. Schau dich nur weiter um, Franzi. An der Wand neben dem Bild mit den gelben Blumen von Opa hängt die Interpretation der Geschichte »Das Buch Esther« aus dem Alten Testament, ebenfalls als Farblithografie von Jule Einhorn.

Vielleicht hast du schon einmal das Nagelkreuz in meinem Zimmer betrachtet? Weißt du, was es bedeutet? Paul Oestreicher, der Ehemann meiner Cousine Barbara Einhorn, einer weiteren Tochter von Ester, erklärte es mir. Er ist anglikanischer Pfarrer im Ruhestand und berichtete mir von der weltweiten Bewegung der Nagelkreuzgemeinden: Im Zweiten Weltkrieg bombardierten die Deutschen 1940 die englische Stadt Coventry, viele Menschen starben und die Kathedrale wurde zerstört.

Der damalige Dompropst ließ daraufhin ein Kreuz aus drei großen Zimmermannsnägeln des verbrannten Dachstuhls fertigen und in die Ruine der Chorwand die Worte meißeln: »Father forgive« – »Vater vergib«. Dieses Kreuz steht heute auf dem Altar der neben den

Begegnungen auf Spurensuche: Kathrin Reiher und Alice Herz-Sommer, die Pianistin von Theresienstadt, 2007

Trümmern neu errichteten Kathedrale von Coventry und wurde zum Symbol der internationalen Nagelkreuzbewegung. Vergebung, Versöhnung und die Überbrückung der Gegensätze im Großen und im Kleinen – so lautet die Botschaft. Das Kreuz steht für den Frieden.

Wenn ich durch unser Haus gehe, regen mich all diese Spuren zum Nachdenken an.

Ich lese Bücher, die die Lebensgeschichte jüdischer Menschen erzählen und suche darin Antworten auf meine Frage: Warum werden die Juden so verfolgt? Manchmal nehme ich Kontakt mit ihnen auf. Heute drehen sich die Gespräche dann häufig neben der Nazizeit um die aktuelle Situation in Israel und den noch vorhandenen Antisemitismus auf der ganzen Welt.

2006 erschien die Biografie von Alice Herz-Sommer »Ein Garten Eden inmitten der Hölle«. Sie ist eine Pianistin, die das KZ Theresienstadt überlebte und dort zahlreiche Konzerte gab. In ihrem Buch sind viele Details über Theresienstadt beschrieben und ich dachte: »Wer weiß, vielleicht hat sie dort Lillys Freundin Felice getroffen.«

Ich rief sie an und fragte sie. Alice war Felice nicht begegnet – doch aus unserer Korrespondenz wurde eine nette Freundschaft. Alice wurde gerade 105 Jahre alt und im August 2007 besuchten Opa und ich sie in London. Seitdem halten wir telefonisch Kontakt.

So ergeben sich aus meiner Beschäftigung mit dem jüdischen Glauben immer wieder neue Verbindungen. Sie bringen mir Erfahrungen und Antworten auf die Frage nach Gott und der Welt.

Bis bald, Franzi, viele Grüße,

Oma

Liebe Franzi,

ich sitze in meinem Zimmer und schreibe an dich. Da fällt mein Blick wieder einmal auf ein etwas düsteres Bild an der Wand gegenüber. Du kennst es bestimmt. Es gehört Franz, aber seit einiger Zeit hängt es als »Leihgabe« bei uns.

In meinem allerersten Brief erzählte ich dir schon, woher meine Eltern vielleicht den Namen Katinka kannten, den sie mir geben wollten: Meine Großeltern Siegfried und Wyla Katzenstein hatten Kontakt zu einem Maler, dessen Freundin Katinka hieß. Er war es, der das Bild vom Grunewaldsee malte. Sein Name war Lesser Ury.

Eine Erinnerung an Wyla und Ruth:
Das Bild Lesser Urys

Paula und Hugo Wittenberg, die Ruth als junge Frau nach Berlin eingeladen hatten, kannten Lesser Ury und sahen, dass der Künstler finanzielle Probleme hatte. So bat Hugo seinen Schwager Siegfried in Rotenburg, ein paar Bilder von ihm zu kaufen. Siegfried erstand daraufhin vier Werke des Malers. Wyla schickte Lesser

Ury zusätzlich Pakete mit Lebensmitteln, wofür er sich per Brief bedankte.

Die Bilder sind heute so verstreut in der Welt wie unsere Familie. Wenn ich mich auf Spurensuche begebe, finden sich zahlreiche Kontakte ins Ausland.

Wer sie sind und wo du sie findest, erzähle ich dir heute.

Du weißt ja schon, dass die beiden Geschwister meiner Mutter vor den Nazis flüchteten. Als Kind freute ich mich regelmäßig über aufregende Pakete von Onkel und Tante und über ihre – leider selten möglichen – Besuche.

Meine Tante Ester emigrierte 1939 mit ihrem Mann Helmut Einhorn nach Neuseeland. Sie bekamen dort zwei Töchter: Barbara und Jule. Von beiden war in meinem letzten Brief schon die Rede. Sie sind so weit weg, und doch lässt sich immer wieder etwas von ihnen in unserem Haus finden.

Jule lebt in Neuseeland. Barbara hat es nach England verschlagen. Sie ist dort, wie du weißt, mit dem Pfarrer Paul Oestreicher verheiratet, dessen Eltern in der Nazizeit ebenfalls aus Deutschland fliehen mussten.

Mein Onkel Rolf Katzenstein wanderte 1938 nach Amerika aus und heiratete dort die deutsche Emigrantin Hilde Arnold. Ihre beiden Kinder Rolf jun. und Anna-Luise hast du in einer unserer Geschichten schon kennen gelernt. Sie waren es, mit denen wir uns das Lachen über die arme Tante Ilse nicht verkneifen konnten. Rolf sen. starb 1975 in Connecticut. Unsere Familien haben keinen Kontakt.

Ein weiteres Mitglied unserer Familie lebte lange Zeit in Israel: Tony Lichtenstein, die Stieftochter mei-

Seit 1939 in Neuseeland: Meine Tante Ester Einhorn, geborene Katzenstein

Heute in England und Neuseeland: Barbara und Jule Einhorn

ner Mutter, ging 1940 nach Holland, anschließend nach Palästina. Zu ihrer Stiefmutter Ruth hielt sie sporadischen Kontakt. Ich erzählte dir schon, dass sie uns in den fünfziger Jahren besuchte und ich Tony kennen lernte.

Im Nachlass meiner Mutter fand ich einen Brief von ihr aus dem Jahr 1973. Die Tochter Walter Lichtensteins war wohl ein nachdenklicher Mensch geblieben:

3. Januar 1973

Liebe Mutti,

alles, alles Gute zu Deinem Geburtstag! Hoffentlich bist du gesund, zufrieden und hast Freude an Kindern, Enkelkindern und dem, was man so Leben zu nennen pflegt. Wir werden älter und das Lernen hört niemals auf. Die Entfernung ist so schrecklich groß. Weit liegt die Kindheit zurück. Schön ist das Leben, wenn man nichts mehr erwartet, die Menschen nimmt, wie sie

Seit 1938 in den USA: Mein Onkel Rolf Katzenstein

Tony Lichtenstein bei einem Besuch in Berlin, 1957 mit ihrer Stiefmutter Ruth

sind, und nicht, wie man sie sich vorgestellt hat. Du kennst weder meine Kinder noch Enkelkinder. Ich bin nicht sehr sicher, daß ich sie kenne. Jedes eine Welt für sich. (...) Was soll ich dir erzählen? (...) Frohe Weihnachten, ein gutes neues Jahr, alles Gute

Deine Tony

Tony starb 1983 wie ihre Mutter Frieda Lichtenstein an Brustkrebs.

Doch vor einigen Jahren kam ein überraschender Brief aus Israel: Jehoshua Shachar, genannt Shuky, der Sohn von Tony, bat um die Heiratsurkunde seiner Großeltern, Frieda Mannheim und Walter Lichtenstein. Ich erhielt sie von den zuständigen Behörden und schickte sie ihm.

Seit 1939 in Großbritannien: Mein Bruder Hans Lichtenstein

Aufgrund seiner Herkunft wollte er einen deutschen Pass beantragen, was ihm inzwischen glückte. Gerade war Shuky aus beruflichen Gründen in Berlin und wir sahen uns zum ersten Mal persönlich.

Der Mensch, den du von den Emigranten unserer Familie aus meinen Briefen wohl am besten kennst, ist mein Bruder Hans Lichtenstein. Er gelangte 1939 mit einem Kindertransport nach England, heute lebt er mit seiner Familie in Wales. Während seiner Militärzeit in England war er als Arzt in Malaysia tätig. Er fasste 1998 kurz für mich sein Erwachsenleben zusammen:

Nach meinem Militärdienst in Kuala Lumpur wurde ich zum Medical Officer für das Department der Aborigines. Hier traf ich Beryl, die in einem anderen Distrikt als Krankenschwester arbeitete. Wir heirateten in der St. Mary's Kirche in Kuala Lumpur und kehrten später zurück nach England. Nach einer Krankenhauszeit hatte ich eine Allgemeinpraxis in Radnorshire in Mittel-Wales. Beryl und ich haben fünf Kinder. 1992 wurde ich pensioniert.

Ja, und so sind sie alle verstreut in der Welt. Die Menschen, die Geschichten – und die Bilder Lesser Urys. Zwei davon gingen 1938 mit Rolf nach Amerika, eines 1939 mit Ester nach Neuseeland und ein Bild bekam Ruth, die in Berlin lebte, und später Franz. Es hängt jetzt in meinem Zimmer.

Die Kinder von Siegfried und Wyla Katzenstein haben die Bilder auf ihren verschiedenen Wegen mit sich getragen und bewahrt: Erinnerungen an deine Urgroßeltern aus Rotenburg an der Fulda, die sich in ihrem Haus so gern mit schönen Dingen umgaben.

In Gedanken an sie schicke ich gute Wünsche um die Welt zu allen, die wir dort kennen. Und einen ganz herzlichen zu dir, liebe Franzi.

Oma

Liebe Franzi,

Opa und ich kommen gerade von einem Spaziergang auf dem Friedhof zurück. Wir haben das Gräberfeld besucht, auf dem die Urne meiner Mutter beigesetzt wurde.

Ruth Anna-Liese Gützlaff, verwitwete Lichtenstein, geborene Katzenstein, wurde als eine geborene Grimmer bestattet. So, wie es nach dem Prozess von 1942 in ihrer Geburtsurkunde stand. Auf ihrem Grab findest du jedoch keinen ihrer vielen Namen. Sie wünschte sich ein anonymes Grab. Meine Mutter wurde wie ihr Mann Heinz auf dem Friedhof Baumschulenweg beerdigt, nach dem gleichen Muster, möglichst schlicht und ohne Reden. Wir besuchen sie öfter. An der Seite des länglichen Feldes findest du einen Stein mit der Jahreszahl 1988.

Das Grab meines Vaters existiert nicht mehr.

In unserer Familie gab es keine ausgeprägten Friedhofszeremonien. Die Ruhestätte meines Großvaters Siegfried Katzenstein auf dem Jüdischen Friedhof in Berlin-Weißensee sah ich erstmals, als meine Großmutter Wyla 1964 dort beerdigt wurde. 1994 ließen wir den Grabstein mit einer neuen Metallplatte belegen. Wenn du sie heute suchen gehst, sind die Namen wieder gut zu lesen: Siegfried und Wilhelmine (Wyla) Katzenstein, Feld H 7, Reihe 28.

Lange Zeit war der Jüdische Friedhof verwildert, was

Der Grabstein meiner Großeltern: Wilhelmine (Wyla) und Siegfried Katzenstein auf dem Jüdischen Friedhof Berlin-Weißensee

sich inzwischen deutlich verändert hat. Ich gehe gern dorthin. Bei Wylas Beerdigung erzählte uns der Rabbiner Martin Riesenburger von der Bedeutung dieses Friedhofes im Widerstand gegen die Nazis. Er sprach über die Gruppe um Herbert Baum, nach dem die Straße benannt ist, die zum Friedhof führt. Meine Mutter erinnerte sich, dass sie 1940 zusammen mit der Frau von Herbert Baum bei *Siemens* arbeiten musste. In dem Buch »Das Licht verlöschte nicht« schrieb er vieles dazu auf. Wenn es dich interessiert, leihe ich es dir gern aus.

Walter Lichtenstein und seine erste Frau wurden auch auf dem Friedhof in Weißensee beerdigt. Ich habe die Gräber erst nach der Wende entdeckt. Vom Grabstein Walter Lichtensteins (Urnenfeld I, Platz 170) war der erste Buchstabe abgefallen und nun stand dort nur noch »alter Lichtenstein«. Nach einem unvermeidlichen Schmunzeln ließen wir das »W« ersetzen. Frieda Lichtenstein, geborene Mannheim, die Mutter von Tony, wurde an der Stirnseite des Urnenfeldes I beigesetzt.

Ganz in der Nähe meiner Großeltern findest du die Gräber von Felice Schragenheims Eltern. Der Maler Lesser Ury ist ebenfalls in Weißensee bestattet (Feld G I, Ehrenreihe).

Mit ein paar Steinen in der Tasche besuche ich sie alle. Ich gehe gern über diese Friedhöfe. Auf vielen Gräbern liegen kleine Steine und zeugen von den Besuchern, die ihrer Verwandten und Freunde gedenken. Welche Geschichte mag sich hinter jedem verbergen?

Mit all unseren Familiengeschichten und ihren Namen in der Tasche gehe ich auf Spurensuche. Wenn du magst, unternehmen wir den nächsten Spaziergang gemeinsam.

Bis bald,
deine Oma

Liebe Franzi,

erinnerst du dich noch, in welcher Stadt wir mit der Spurensuche begannen? Ich möchte heute mit dir dorthin zurückkehren.

Vom 7. bis 11. November 1998 fuhren Hans, Franz, Opa, meine Cousine Barbara und ich nach Rotenburg an der Fulda. Die Tage sollten für uns alle bewegend werden. Hans schrieb seine Erinnerungen daran auf und so erzähle ich dir diese Geschichte heute gemeinsam mit ihm.

Herr Dr. Nuhn, ein Lehrer am Rotenburger Gymnasium, hatte uns zu den Feierlichkeiten anlässlich der »600 Jahre jüdisches Leben in Rotenburg« eingeladen. Gleichzeitig beging die Stadt ihr 750-jähriges Jubiläum.

Sogar Hans, der sich geschworen hatte, nie mehr in die Stadt zu fahren, aus der unsere Großeltern Siegfried und Wyla Katzenstein vertrieben worden waren, machte sich auf den Weg. Er selbst meinte dazu:

Ich bekam einen Brief von Dr. Nuhn, der mich einlud, Rotenburg zu besuchen. Meine Tante Ester, die jüngste und einzig noch lebende Schwester meiner Mutter, meine Cousine Barbara, die jetzt in Brighton lebt, und meine Schwester Kathrin aus Berlin redeten von allen Seiten auf mich ein. Schließlich konnte ich nicht mehr widerstehen.

Barbara und ich trafen uns auf dem Frankfurter Flughafen und fuhren zusammen mit dem Zug nach Rotenburg, wo wir in unserem Hotel »Zur Post« meinen Bruder Franz, meine Schwester Kathrin und ihren Mann Horst trafen.

Bald nach unserer Ankunft gingen Opa und ich zu dem Haus, in dem meine Mutter aufgewachsen war: Im Zwickel 13. Es war inzwischen geteilt in acht Wohnungen. Das schöne Treppenhaus und die hintere Tür waren noch vorhanden.

Hans: *Am nächsten Morgen, Sonnabend dem 8. November 1998, besuchten wir einen erstaunlichen christlich-jüdischen Gottesdienst in der schönen Jakobi-Kirche. (…) Der gesamte Gottesdienst hatte Verzeihung und Versöhnung zum Inhalt.*

Die Kirche war voll. Wir saßen in der ersten Reihe. Der Gottesdienst wurde von christlichen und jüdischen Geistlichen gemeinsam geleitet und bewegte uns alle. Die Tatsache, dass ein jüdischer Kantor mit Tallit (dem traditionellen Gebetsmantel der Männer im Judentum) und Kippa (der runden Kopfbedeckung, die männliche Juden vor allem beim Gebet tragen) in einer evangelischen Kirche auftritt, ließ uns hoffen, dass sich das Leben vielleicht doch einmal normalisieren kann. Das Schma Jisrael (das jüdische Glaubensbekenntnis) wurde gesprochen. Mit der Kollekte dieses Gedenk-Gottesdienstes sollte die Stadt Rotenburg unterstützt werden, ihr jüdisches Erbe zu pflegen und zu bewahren.

Die Geburtsstadt meiner Mutter bot während der Jubiläumstage ein vielfältiges Programm: vom Konzert jüdischer Komponisten, über eine speziell mit jüdischen Gerichten zusammengestellte Speisekarte bis zu einer Gedenkveranstaltung in der Jakob-Grimm-Schule, an der Herr Nuhn unterrichtet und in die schon meine Tante Ester als Schülerin ging. Barbara hielt einen Vortrag, die Schüler sangen jiddische Lieder und führten einen Einakter auf, in dem sie um Achtsamkeit gegenüber Minderheiten baten. Professor Berndt Schaller aus Göttingen gedachte in seinem Vortrag der Opfer des Pogroms vor sechzig Jahren und ein Satz hat sich bei mir festgehakt: »Wer lieber endlich schweigen will, will etwas verschweigen.«

Im Rathaus eröffnete der Bürgermeister die Ausstellung »Spurenlos? – 600 Jahre jüdisches Leben in Rotenburg« und hieß uns als die Enkel des bekannten Rotenburgers Siegfried Katzenstein in der Stadt willkommen.

»Spurenlos?« – Mit meinen Brüdern Franz und Hans besichtige ich die Ausstellung im Rotenburger Rathaus, 1998

Ein Wandsegment dieser Ausstellung war der Familie Katzenstein gewidmet. Exemplarisch für das Schicksal vieler Juden wurde die Geschichte unserer Mutter Ruth Katzenstein dargestellt.

Hans: *Die Ausstellung war ein Projekt von Dr. Heinrich Nuhn. Bilder von unserer Familie wurden gezeigt, ganz vorn meine Mutter als junge Frau und ich selbst circa 1935 und 1939, gerade vor meiner Abreise nach England im Juni.*

Texte und Bilder erinnerten an Familien, die aus Rotenburg verschwunden waren. Ergreifende Fotografien von Rotenburger Juden, die mit der Bahn von Fulda nach Auschwitz fuhren. Ausgestellt waren auch Kopien der antisemitischen Zeitung »Stürmer«, die ich im Vorkriegs-Berlin an den Straßenecken gesehen hatte. Eine besondere Nummer enthielt einen Cartoon: Er zeigte eine Anzahl toter christlicher Babys mit durchgeschnit-

tenen Kehlen und Juden, die ihr Blut trinken – ein uralter anti-jüdischer Mythos.

Die Ausstellung erinnerte auch an die Kristallnacht am 9. November 1938, als die jüdischen Geschäfte in Deutschland zerschlagen und ausgeraubt, die Wohnungen der Besitzer zerstört und all ihr Besitz auf die Straße geworfen wurden. Die Rotenburger Synagoge wurde geplündert und beschädigt, aber nicht wie in den meisten anderen Städten niedergebrannt, weil in ihrer Umgebung viele Holzhäuser standen. 1945 wurde sie schließlich abgerissen.

Am nächsten Tag hörten wir im Gemeindehaus St. Georg von Zeitzeugen mehr über den 9. November 1938. Was sie erzählten, berührte uns sehr.

Hans: *Die Haupterinnerung schien zu sein, dass die Stadt voller Federn aus einem zerstörten Bettengeschäft gewesen war. Ein Mann fuhr in Rotenburg herum, er trug Gebetsschal und Tefillin* [Gebetsriemen] *und täuschte vor, aus der Thora zu lesen. Diese leicht beschädigte Thora überlebte kurioserweise in einer Mansarde des Rathauses und war in der Ausstellung zu sehen.*

Ein Mann aus einer anderen Stadt erzählte, wie die Synagoge dort niedergebrannt wurde, während die Feuerwehr dabeistand. Es war ihr nicht erlaubt zu löschen, die Männer sollten nur verhindern, dass sich das Feuer ausbreitete. (…)

Als Barbara und ich am letzten Tag einen Spaziergang zum jüdischen Friedhof machten, kam ein alter Mann vorbei, kein Rotenburger. Er sah den neu aufgestellten Gedenkstein und erinnerte sich, wie schrecklich die Tage um die Kristallnacht gewesen waren. Er war achtzehn Jahre alt gewesen und hatte sich schon immer eine Schreibmaschine gewünscht. Am 9. November, als die jüdischen Geschäfte geplündert wurden, lag eine Schreibmaschine vor ihm auf der Straße. Doch er konnte sich nicht überwinden, sie zu nehmen.

Am Morgen nach den Feierlichkeiten fuhren Opa, Franz und ich nach Berlin zurück. Hans und Barbara suchten noch die Orte auf, die mein großer Bruder aus seiner Kindheit kannte:

Wir gingen zuerst auf den Katzenkopf, dann an die Stelle, wo ein Gedenkstein auf dem jüdischen Friedhof aufgestellt wurde. Der Friedhof ist jetzt gepflegt und ein stiller Ort am Stadtrand. (…) Rotenburg ist eine sehr schöne Stadt mit etwa zehntausend Einwohnern, die meisten Gebäude im Stadtkern sind mittelalterliche Holzhäuser. Ich bin jetzt glücklich, dass ich dort war.

Echte Reue und das Suchen nach Verzeihung sind möglich, und ich empfinde große Dankbarkeit, dass ich fähig bin, das zu bezeugen.

Dem möchte ich heute nichts mehr hinzufügen, Franzi. Bis zum nächsten Mal.

Deine Oma

Liebe Franzi,

beim letzten Mal kamen wir mit unserer Spurensuche wieder in Rotenburg an. Und mit meinem heutigen Brief möchte ich daher meine Erzählungen fürs Erste schließen. Ich hoffe, du kannst etwas für dich daraus mitnehmen.

Durch meine Arbeit an unserer Familiengeschichte lernte ich besonders meine Eltern besser kennen. Darüber bin ich froh. Für mich. Und für meine Kinder und für dich, Franzi. Ihr könnt nun mehr über sie erfahren.

Es ist schwierig, dass sich unsere große Familie regelmäßig trifft, unsere Verwandten leben so weit verstreut. Matthias und Michael waren darüber manchmal traurig. Vielleicht sind meine Briefe ein Weg für euch alle, unserer Familie zu begegnen.

Ich bemerke, dass mir dieses Wissen um meine Herkunft eine gewisse Art von Selbstsicherheit gibt. Einen Weg, die Frau in meinem Spiegel besser kennen zu lernen, sie einzuordnen in ein größeres Ganzes. Vielleicht kann ich mir jetzt manches, was war, besser erklären.

Zugleich sehe ich die zum Teil schmerzlichen Lücken in der Geschichte, die Fragen, die ich versäumte zu stellen. Vielleicht geben meine Briefe ja dir Anlass zu fragen. Vielleicht hast du Lust, darüber zu reden. Mit mir und Opa, mit Franz und Hans oder mit deinen Eltern und deinem Onkel. Vielleicht liest du die Briefe später noch einmal, magst mir vielleicht irgendwann sogar selbst bei meiner Suche helfen. Ich würde mich sehr darüber freuen.

Einige Dokumente unserer Familiengeschichte habe ich dem Jüdischen Museum Berlin zur Verfügung gestellt. So bleiben die Geschichten bewahrt und können anderen Menschen erzählt werden. In Rotenburg an der Fulda ist inzwischen ein jüdisches Museum entstanden: 2006 wurde die Mikwe, das Ritualbad der ehemaligen Rotenburger Synagogengemeinde, als Gedenk- und Begegnungsstätte wiedereröffnet, wiederum auf Initiative von Herrn Dr. Nuhn. Wir waren zur Eröffnungsfeier geladen.

Eine Spur meiner Mutter: Ruths »Judenstern« in der Gedenkstätte in Rotenburg

In der dortigen Dauerausstellung werden über hundertfünfzig Fotos ehemaliger jüdischer Bewohner der Stadt Rotenburg gezeigt. »Namen ein Gesicht geben«, so heißt der Bilderfries, den man auf der Treppe passiert. Hier siehst du Porträts von meiner Mutter Ruth, ihrem Bruder Rolf, ihrer Schwester Ester, meinen Großeltern Siegfried und Wilhelmine Katzenstein, Moritz Katzenstein und Salomon Katzenstein, dem Vater von Siegfried und Moritz.

Und du findest Ruths Geschichte. Ihr Stern, den wir gemeinsam nach Rotenburg schickten, liegt in einer Vitrine. Eine Spur meiner Mutter. Ich bin stolz auf sie.

Namen ein Gesicht geben – Der Bilderfries in der Rotenburger Gedenkstätte

Mutters Stern

Meine Mutter trug einen Stern,
im Krieg, einen Judenstern.
Dieser Stern bedeutete – Tod –.
Durch eine List hat sie den Stern abschütteln
    können.
Sie bewahrte ihn jedoch auf
bis zu ihrem natürlichen Tod.
Nun bewahre ich diesen Stern auf.
Ich trenne mich schwer von ihm,
war er doch einst von angstvoller Körperwärme
meiner Mutter erfüllt.
Doch nun trenne ich mich von ihm,
denn in der Geburtsstadt meiner Mutter,
in Rotenburg an der Fulda soll er in
    einem Museum
von der widernatürlichen Stigmatisierung
der Schicksalsgemeinschaft der Menschen
jüdischen Glaubens berichten.

Das wird er. Die Menschen können ihm zuhören. Wir zwei können von ihm erzählen. Und ihn bei uns tragen, wenn wir die nächsten Geschichten zusammen erleben.

Deine Oma

Marlene Zinken (Hrsg.)
Der unverstellte Blick
Unsere Mütter (aus)gezeichnet
durch die Zeit 1938 bis 1958
Töchter erinnern sich
Verlag Barbara Budrich